THE STUDY OF COMPARISON BENEFIT ON POTATO UNDER THE BACHGROUND OF POTATO STAPLE FOOD PROJECT

“马铃薯主粮化”研究系列丛书

主粮化背景下的
马铃薯综合效益研究

• 杨雅伦 孙君茂 著 •

中国农业科学技术出版社

图书在版编目（CIP）数据

主粮化背景下的马铃薯综合效益研究／杨雅伦，孙君茂著．—北京：中国农业科学技术出版社，2019. 5

ISBN 978-7-5116-4012-3

Ⅰ.①主…　Ⅱ.①杨…②孙…　Ⅲ.①马铃薯-作物经济-研究-中国
Ⅳ.①F326. 13

中国版本图书馆 CIP 数据核字（2019）第 018262 号

责任编辑　徐　毅
责任校对　马广洋

出 版 者　中国农业科学技术出版社
北京市中关村南大街 12 号　邮编：100081
电　　话　(010)82106636(编辑室)　(010)82109702(发行部)
(010)82109709(读者服务部)
传　　真　(010)82106636
网　　址　http://www.castp.cn
经 销 者　各地新华书店
印 刷 者　北京富泰印刷有限责任公司
开　　本　710mm×1 000mm　1/16
印　　张　7
字　　数　110 千字
版　　次　2019 年 5 月第 1 版　2019 年 5 月第 1 次印刷
定　　价　25. 00 元

《“马铃薯主粮化”研究系列》
丛书编委会

摘　要

近年来，我国马铃薯种植面积总体上呈现逐年增加的趋势，国内马铃薯总消费量和加工占比也处于增长之中，加之马铃薯主粮化项目和马铃薯主食产品开发在全国范围内推行，可以预见，马铃薯在我国居民膳食结构中将占据愈加重要的位置。本书基于马铃薯主粮化大背景，重点聚焦作物种植生产环节，对马铃薯、小麦、水稻和玉米等作物的综合效益进行比较分析，研判了马铃薯主粮化在我国推广的可行性。

本书首先，阐析了马铃薯主粮化项目提出的背景条件。从生产环节看，我国马铃薯产业已有一定规模的积累，这为主粮化项目的开展提供了坚实的产业基础；国内外马铃薯产业通过品种挖掘和技术创新，大大提高了马铃薯单产水平，这为主粮化提供了良好的种质资源和技术支撑。从消费环节看，随着居民营养健康意识提升和消费能力提高，符合中国蒸煮饮食文化特色的马铃薯主食产品需求潜力大，通过适度科学引导，马铃薯主食产品市场正迅速激活。

其次，以华北平原地下水漏斗区、西北干旱区和南方冬闲田三大重点区域的马铃薯及其他主要粮食作物种植和经济收益的实地调研数据为基础，使用 AHP 法对总目标进行分层，选用 AHP 法和熵权法相结合的主客观组合赋权法确定各指标权重，对作物生产综合效益值进行计算和比较分析，并对马铃薯在主粮化背景下的综合效益进行评价。研究发现，推进马铃薯主粮化，在华北漏斗区和西北干旱区的工作重点在于提高现有单产水平及发展节水替代种植，在南方冬作区的工作展重点在于增加种植面积。

最后，在对我国居民营养健康状况进行分析的基础上构建NP营养评价模型。选用市场份额较大的海乐达牌马铃薯（与小麦粉混配）主食产品作为样本，通过检测获得营养素含量数据，并通过代入NP模型，得到马铃薯和其他主粮作物的主食制品的营养效益值。此外，还通过对主食产品中马铃薯替代前后我国主粮消费结构进行预测，比较了替代前后不同主食结构所提供的营养素总量，描述性分析营养效益。

通过研究，得到以下几点主要结论。

（1）通过马铃薯主粮化项目，在华北平原地下水漏斗区、西北干旱区推广马铃薯替代小麦、玉米种植，在南方冬闲田地区推广马铃薯种植，相较于现有种植结构，均能够取得较好的比较效益，马铃薯主粮化具有明显的综合效益优势。

（2）通过使用NP法计算马铃薯和其他主粮的主食制品的营养效益值并进行比较研究的结果发现，横向来看，除马铃薯馒头外，马铃薯花卷和面条的营养评价值都略低于小麦产品，纵向来看，食物的营养值随着加工步骤的增加而逐渐降低，这主要是由于在加工过程中会产生营养元素的流失，而熟食所能提供的能量要高于鲜食。

（3）通过主粮化项目，增加马铃薯主食消费，替代现有主食结构后，可以有效改善我国居民目前在钾元素和膳食纤维摄入不足的问题。

（4）从定性描述和定量计算两个角度，分地区对主粮化背景下马铃薯与其他主粮作物的综合效益值进行计算，并进行了比较分析，可明显提高评价过程的科学性和有效性。

Abstract

In recent years, the potato planting area in China is increasing year by year, and the proportion of potato processing and consumption also increased separately. With the potato staple project being carried out nationwidely, potatoes will occupy an increasingly important position in the dietary structure of residents in China. Through evaluating on comprehensive benefits of potato staple progect from 4 prospectives, economy, ecology, sociaty and nutrition, the project in the feasibility of popularizing in China are judged.

First of all, the thesis analyzes the reasons of our country's potato staple food. At present, China's potato industry has a certain foundation, providing a solid foundation for the industrial development of potato staple food; it has been provened by foreign experiences that advanced management methods and the promotion of advanced technology would improve the yield of potato; potato has a good advantage of planting, making it available to be planted in most of the ecological environment worsened areas in China, also has advantages of good nutrition: rich in minerals and vitamins.

Secondly, relied on the groundwater funnel area of North China Plain, the arid region in northwest and the winter vacant field in the south, investigating on the planting and economic information of potato and other mainly planted crops in the above 3 areas and obtaining on-the-spot investigation data. By using the AHP method, the total target is divided into three layers: object layer, rule layer and index layer, combined with AHP method and entropy method combined weighting method to determine the index weight, and calculate the value of comprehensive benefits in the survey data on the basis of comprehensive evaluation of economic benefit of potato staple food the ecological benefit and social benefit. Among them, the key target to the development of the south winter area is to increase the planting area, the North China Plain and the northwest arid area is focused on improving the existing yield level, the development of water-saving alternative planting.

Finally, based on the analysis on the status of nutrition and health of residents in China, the NP model as a nutritional evaluation model is built. Choosing Haileda brand potato (wheat) staple food production which occupied a large market share in Beijing as the sample, and detecting the nutrient content. Through the NP model and testing data, nutritional benefit of staple food products made of potatoes and other crops are calculated. In addition, based on analyzinig and forcasting on the different staple food consumption structure in China before and after potato substitute, this paper compares the different amount of nutrients provided for residents.

The main conclusions are as follows.

(1) through potato staple project, planting potatoes instead of wheat in the funnel area in the North China Plain, and arid area in northwest can achieve better comprehensive benefit, growning potato in the winter vacant field in the south can effectively improve the local farmers' income.

(2) using the NP method to calculate the nutritional values of the sta-

ple foods of potato, rice and wheat, then make a comparative study on those values. From horizontal point of view, in addition to potato bread, the potato rolls and noodles nutritional evaluation values are slightly lower than the wheat products, and from vertical point of view, the nutritional value of food decreases with the increase in processing steps.

(3) through potato staple food project, using potato staple food structure to replace the existing staple food structure, can effectively improve the prolems faced by the residents of our country currently of insufficient.

(4) from two aspects, qualitative description and quantitative calculation, this paper calculates the comprehensive benefits of potato and other staple crops in 3 regions and make a comparison, which improves the scientificity and validity of the evaluation process.

目　　录

第一章　引　言

马铃薯在我国农业生产和居民膳食结构中占据着重要位置，既是继玉米、水稻、小麦之后的主要粮食作物，更是广适性菜用作物。历经多年发展，我国马铃薯的种植面积和总产量逐年增长，但其单产仍处于全球平均水平之下，提高的潜力巨大。在马铃薯主粮化战略的大背景下，我国马铃薯产业的发展得到了前所未有的关注，农业部《关于推进马铃薯产业开发的指导意见》① 提出了到2020年的发展目标：马铃薯种植面积扩大到1亿亩（1亩≈667m^2；15亩=1hm^2。全书同）以上，平均亩产提高到1 300 kg，总产达到1.3亿t左右；优质脱毒种薯普及率达到45%，适宜主食加工的品种种植比例达到30%，主食消费占马铃薯总消费量的30%。

一、研究背景和意义

（一）研究背景

我国人口众多，耕地面积总量大、人均占有量低，是传统的农业大国，但并非农业强国。农业是关乎国计民生的基础产业，只有

① 2016年2月农业部发布《关于推进马铃薯产业开发的指导意见》

保证农业健康发展，才能确保我国粮食安全、保障人民基本生活，才能集中力量解决其他问题。近年来，我国在生态环境安全、自然资源利用、粮食安全保障等方面都依然面临着一些问题，通过初步分析得出，发展马铃薯产业成为应对破解这些问题的重要选择之一。

①我国北方水资源匮乏，尤其是华北平原地下水一直处于超采状态，该区域形成了一系列深、浅层地下水位降落漏斗，严重威胁当地生态安全。华北平原大部分地区以小麦为主要粮食种植作物，小麦生长周期长、耗水量高，且该地区小麦生育期与当地降水期相错不同期，为保证其产量不受影响，灌溉用水量大大增加，进一步加剧了地下水匮乏和生态环境恶化的压力，急需选择其他作物替代小麦种植。

②南方冬季存在大量闲田，造成土地资源季节性闲置浪费。我国南方主要种植作物为水稻，冬季稻田普遍闲置 2~4 个月，且增加二氧化碳排放，需要研究开展作物种植扩大冬闲田利用，从而有效减少冬季水田由于闲置造成的二氧化碳排放量增加，有效提高土地的耕种利用率。

③当前我国人口总量仍在增长，对口粮刚性需求量将会提升。受经济发展水平提高和医疗技术改善的影响，我国人口平均寿命大大提高，受国家二胎政策影响，我国新生儿出生率也会增加，总体上我国人口数量将有所增长，从而带来粮食需求量的增加，需要在现有基础上开拓新的作物种植。

④原有三大主粮单产水平提升空间有限，现有三大主粮继续增产的后劲不足，单产水平和总产水平均难以持续提高，需要挖掘增产空间更大的作物。一方面，原来的三大主粮（稻米、小麦和玉米），在现有的种植技术和育种技术条件下，生产潜力已经接近极限水平，根据 FAO 统计数据，2014 年，我国小麦、水稻和玉米单产分别位列世界第 27 位、第 19 位和第 62 位，已经处于全球上游水平。另一方面，我

国面临着耕地面积减少、土地资源匮乏的问题，我国国土资源公告显示我国耕地面积呈下降趋势（图 1-1），耕地减少主要是源于建筑用地对农用土地的侵占。在保障粮食安全的前提下，耕地面积的减少，使得对粮食单产有了更高的要求。

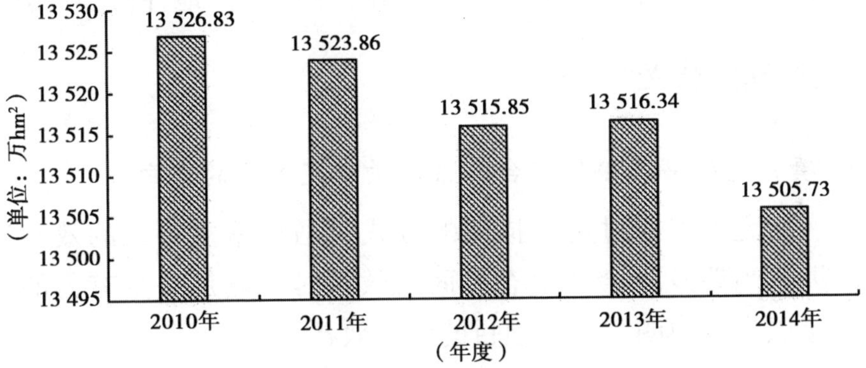

图 1-1 2010—2014 年全国耕地面积变化情况

Figure1-1 Changes of cultivated land area in 2010-2014

⑤我国居民膳食结构不尽合理，城乡居民超重和肥胖比例逐年上升，慢性病发病率呈上涨趋势且向低龄化蔓延，迫切需要低脂肪、富含膳食纤维和矿质元素的优质食物。

应对上述 5 个方面的问题，通过筛选、比对和综合分析，马铃薯成为未来优先发展作物的重要选择。马铃薯不仅具有高产耐寒耐旱的优势，可以在我国干旱半干旱地区和南方冬季闲田广泛种植，而且相较于小麦、玉米等主粮作物有更好的节水效果，可以有效解决华北平原和西北干旱区的水资源匮乏问题，有效减少水土流失，缓解当地农业生产的资源和环境两方面的压力。同时，因马铃薯单产水平低、提高潜力大，根据 FAO 统计结果，2014 年我国马铃薯单产在全球排名 109 位，单产为16 920. 3kg/hm^2，第一名科威特单产为67 535. 5kg/hm^2，我国单产仅为科威特的 1/4。另外，马铃薯营养成分全面，脂肪含量低，维生素和矿物质等微量元素较为丰富，可以有效改善我国居民的营养摄入结构，提高健康水平。

根据各个地区气候条件、自然资源情况和马铃薯种植情况的不同，主粮化战略为各区域制定了不同的目标，重点是在华北平原漏斗区，主要开展马铃薯替代小麦种植；在西北地区，主要扩大马铃薯种植面积；在南方冬闲田，主要利用冬季闲置田地种植马铃薯。

（二）研究意义

1. 填补马铃薯主粮化综合效益定量研究方面的空白

现有研究大多通过定性描述的方式对马铃薯主粮化的效益进行评价，尤其当涉及社会和生态方面的效益时，更是缺少有力的数据支撑，难以有效说明主粮化项目的综合效益。

2. 为马铃薯主粮化在全国的推进提供理论支持

通过对马铃薯相较于小麦、水稻和玉米在经济、生态、社会和营养方面的比较效益进行研究，为马铃薯主粮化在全国的推进提供了理论支持，从理论上对主粮化项目在以上四方面的效益给予科学评价。

二、国内外研究评述

（一）马铃薯主粮化的研究概况

联合国很早就把马铃薯列为第四类主粮，并认为马铃薯可以改善 21 世纪人类中广泛出现的“富贵病”问题。随着国内马铃薯种植面积和产量的逐步增加，马铃薯在我国粮食体系中的地位愈加重要，尤其是在 2015 年，随着农业部马铃薯主粮化的研究与示范和马铃薯主食产品开发，更是将我国马铃薯产业（包括生产、加工和消费）推向了一个新的高度。

事实上美国、欧洲等西方国家，马铃薯一直被视为主食类食品，从配菜到主菜主食再到休闲食品，马铃薯的做法不计其数，其消费量和种植面积都占据绝对比例。早在 1929 年，John Habvey Kellogg 就发文称马铃薯是最好的主食；M. Wandel 就挪威在 1976—1995 年马铃薯消费量在不同阶段的变化过程进行了居民电话和问卷调研，并分析了产生这种变化的原因；NeBambi Lutaladi 指出马铃薯是世界头号非谷类食品类商品，其消费量在发展中国家正稳步扩大，并且他认为马铃薯在发展中国家粮食、就业和收入保障方面发挥着日益重要的作用；Biing-Hwan Lin 通过使用美国农业部发布的 1994—1996 年个人食物摄入量调查数据，分析了 6 种马铃薯食品在美国不同消费场所、地域和人群中的消费分布。

在我国，马铃薯作为主食类食品的研究是在主粮化战略推行后才开始慢慢兴起。2015 年 1 月 6 日，马铃薯主粮化发展战略研讨会确定了马铃薯主粮化这一概念内涵，即将马铃薯作为我国的主粮补充，并逐步发展为第四大主粮作物，通过对马铃薯进行加工，将其与其他谷物混配制成馒头、面条、米粉等符合中国人食用习惯的主食产品，从而实现目前马铃薯的三大转变。梁岩认为马铃薯主粮化战略的目的在于对我国自然资源进行合理的开发利用，并对现有农业结构进行调整和优化，同时，大力发展马铃薯产业，从而能够在扩大资源基础的前提下提高把我国粮食安全，与此同时，还能够满足民众多样化、优质化、保健化食物的消费需求，并减轻我国土地资源约束的压力。卢肖平、王希卓、万宝瑞等讨论了在我国推行马铃薯主粮化的意义，阐述了国内外马铃薯产业发展现状和马铃薯消费情况，分析了制约我国马铃薯主粮化发展的因素，并在此基础上提出相关的政策建议和具体措施。韩秋成等以马铃薯的营养价值和保健价值为切入点，分析了马铃薯作为主粮的优势所在；潘文博则强调了该项目的重点在于，优化和布局我国现有农业种植结构，具体来说，在西北区域，要积极推广旱作节水技术，加大马铃薯产业发展力度；在南方区域，要充分利用南方冬闲田进行马铃薯净种，也可以利用水果种植间隙较大的特点进行马铃薯套种；在水资源较匮乏地区，如华北平原，可以在不挤占原有三大主粮的前提下，适度改种一些诸如马铃薯的节水作物。

（二）农业经济、生态和社会综合效益评价研究概况

1. 经济效益、社会效益和生态效益

目前，各学者在定义农业经济效益时都强调投入和产出的关系，其中，刘新生将经济效益定义为在社会经济活动中产生的经济效益及其相应的收益，具体表现为用价值量表现的农业产出与用于农业产出的农业投入之间的比较关系，这是目前较为通用的定义。马传栋定义生态效益为，在进行人力劳动投入的过程中，对生态系统中的生物（非生物）因素产生影响，进而对整个生态系统的生态平衡产生影响，从而对人的生活环境和生产环境产生某种影响的效应，农业与土地资源交互性强，因而种植业的生态效应十分明显。韩昕君认为社会效益是指最大限度地利用有限的资源满足社会上人们日益增长的物质文化需求，该效益涉及面广，包含内容丰富。

2. 综合评价方法

综合评价法，是使用多个评价指标对多个评价对象进行优劣评价的方法。目前，在研究农业种植的经济、社会和生态效益的时候采用的综合评价方法主要有综合指标评价法、AHP 法、TOPSIS 法和灰色关联度分析法等。曹建如、林刚、韩昕君等在对种植农业的综合效益进行评价时选了综合指标评价法；朱珠以我国土地投入和土

地产出的相关数据为基础，结合指标构建、权重确定和 TOPSIS 法对我国三类土地的综合效益进行定量评价；徐创军等用灰色关联度分析法对紫色土坡地不同种植模式的生态经济效益进行了综合评价。具体如下。

综合指标评价法：该方法根据评价目标构建一套评价指标，该组指标能够反映出评价对象的效益优劣与否，通过计算和组合指标值，从而对评价对象进行定量性的综合评价。主要过程包括：筛选制定指标评价体系；确定各评价指标的权重；确定各指标的评价等级及界限；根据评价目的、评价指标和评价对象，选取恰当的综合评价方法，并建立评价模型；针对各对象的综合评价结果进行比较分析，评价优劣。

AHP 法（analysis hierarchy process，层次分析法）：由美国科学家 TLSaaty 在 20 世纪 70 年代提出。该方法属于系统分析方法，首先根据评估目的分析并确定评估对象的总体目标，然后对该目标进行逐层分解，得出每层的子指标（层次一般分为三层，自顶到底分别是目标层、准则层和指标层），并根据实际数值，对最底层的子指标的指标值进行计算，并自底到顶逐层计算各层指标值。最后，根据评价对象各层指标值的大小对评价对象的优劣进行综合评价。

Topsis 法（technique for order preference by similarity to ideal solution，逼近理想解排序法）：常用于对有限方案进行多目标的决策分析，可用于需要进行目标决策的诸多领域，如效益评价、卫生决策和卫生事业管理等。基本原理是，首先，对原始实际数据矩阵进行归一化处理，得到归一化矩阵；其次，对有限方案进行罗列，并通过余弦法找到其中的最优方案和最劣方案（分别用最优向量和最劣向量表示）；最后，针对各个评价对象，对其与最优（及最劣）方案之间的距离大小，从而据此得到各个评价对象与最优方案的接近程度，并依此对对象的优劣进行评价。

灰色关联分析（GRA）属于多因素统计分析方法：该方法根据各个因素的以实际数据计算得出的样本数据，对灰色关联度进行计算，并用它来对各个因素之间关系的强弱和次序进行排序。如果2个因素的变化趋势基本相同，那么它们之间的关联程度就比较大，反之亦然。将该方法应用于综合效益评价时，该方法以最优样本数据作为参考序列，那么某因素与参考数列关联度的大小就反映出了评价的优劣程度。

3. 指标权重确定方法

在综合效益的评价过程中，权重确定作为不可缺少的一部分，是否能够科学、合理为各个指标分配权重是至关重要的一环，直接关系到评价结果的科学性和准确性。在现有研究中，学者使用的确权方法种类繁多，主要可以分为三大类：主观赋权法、客观赋权法和组合赋权法。主观赋权法包括专家咨询法（Delphi）、专家排序法、层次分析法（AHP）等；客观赋权法包括熵权值法、秩和比法（RSR）、相关系数法、主成分分析法和因子分析法等。范成方等在对粮食种植效益进行综合评价时时选用了熵权法；刘晓敏从生产、社会经济和生态环境三方面，对小麦玉米节水技术集成模式进行综合评价时，使用熵权法对各指标权重进行了确定；韩昕君等用层次分析法对河北中南部棉薯套作种植模式的综合效益进行评价。虽然他们使用的权重确定方法有所差异，但评价结果都科学合理，与现实情况相符合。

组合赋权法是指综合使用2种或以上的主（客）观赋权方法，并使用一定的数学方法将多种赋权方法进行组合，从而确定最终的权重。目前，最为常用的组合方法是加权平均法，它适用于指标个数较多、权数分配比较均匀的情况；陈伟通过使用基于离差平方和的最优组合赋权方法，对权重进行了计算；李帅通过基于最小相对信息熵确定组合权重，并对宁夏回族自治区城市人居环境质量进行了综合评价，都取得了预期结果。

本文拟采用组合赋权法，综合考虑主观和客观赋权法两种方法对马铃薯主粮化的综合效益进行评价，兼顾指标初始值间的内在数值关系和指标在评价过程中的实际重要性。

4. 评价指标的选取和确定

在经济评价指标的选取方面，一些学者在分析农业成本的基础上，结合相应产业或农产品的生产特点、经济效益相关概念界定和农业经济效益不稳定性、持续性、综合性和多样性等特点，设置包括产出、土地生产率、劳动生产率和资本生产率 4 个方面的一系列衡量经济效益的指标，形成指标体系，并对经济效益进行分析，另外，邢玎将基本建设投资收益类指标记入指标体系，王沛认为应将反映对社会贡献的农业商品率指标和人均收入也记入经济效益指标体系。此外，柴斌峰，蔚然，王少峰等学者通过某地区的农户调研数据，对一种或几种目标农作物的生产成本构成进行分析，并以单位产出产值等土地生产率类指标对其经济效益进行分析或比较分析。有的学者综合运用多种评价方法，也很好的分析了农业经济效益。邢玎通过主产品产值、生产成本和净收益等 5 个指标对临渭区小麦、棉花等的成本收益进行分析，并通过土地、劳动、资金和基本建设投资收益四方面共计 9 项经济效益指标对该区粮食作物和经济作物的经济效益进行了分析。

在生态评价指标的选取方面，韩昕君等结合河北中南部地下水资源紧缺的现实，选择耗水量和经济水分利用效率等与农业用水有关的指标作为棉薯套种模式生态效益的评价指标；弋翠为了衡量马铃薯不同灌溉方式的节水效益，选取了节水百分比、用水生产率 2 个指标进行评价；在土壤效益方面，魏乐针对种植苜蓿可改良土壤的特点，通过对种植苜蓿与种植其他作物后的土壤养分和沙含量，以及种植期间土壤风蚀损失量进行测量和比较，从而来对两者的生态效益进行比较分析。

在社会评价指标的选取方面，目前，国内外对社会效益的研究多采用定性和定量相结合的方式。弋翠认为在应用新的灌溉技术后，农民的收入和生产条件都会得到很大的提高和改善，节省劳动力，将农民从土地中解放出来，转向其他行业发展，促使农民生活水平的提高；曹建茹根据旱作种植的特点，选择单位投资提供农产品增量、农业劳动生产力增量、人均产品占有增加量和能源消耗量作为旱作技术的社会效益指标；王希卓定性分析了马铃薯主粮化战略的社会效益，认为其主粮地位的确立有利于国家政策和社会资源向马铃薯行业的倾斜，从而促使产业的蓬勃发展，带来更多的就业岗位；同时，促进了马铃薯单产和总产的提高，促进马铃薯产业发展，培育国内马铃薯市场，使农民受益，增加企业收入，缩小富与贫的差距，增加社会福利，促进社会和谐，保证国家稳定。

（三）食物营养效益研究概况

食物的营养价值是指食物中所含的能量和营养素能在多大程度上满足人体的需求量，这一概念涉及的内容广泛，主要包括营养素种类是否完全，营养素的数量和比例是否符合建议摄入量，以及营养素能否为人体较为容易的所消化、吸收和利用等几个方面的评价。目前，对农产品营养效益评价方法的研究主要集中在营养素度量法（NP）及其衍生方法上，包括营养均衡指数（INB）、营养质量指数（INQ）等。朱婧等对营养素度量（NP）模型的构建进行了阐述，并对各国政府、非政府和企业中的应用情况做了综述；张坚对营养素度量法的步骤：营养素指标和推荐量的选择、构建计算营养素密度的适宜运算法则以及所选择模型对健康膳食客观测定结果的验证等进行了说明；张爱霞以营养均衡指数（INB）为评价指标建立衡量新型农产品营养价值的评价方法，对四种农作物的营养均衡性进行了分析和比较。具体评价方法如下。

1. 营养均衡指数

营养均衡指数（Index of Nutrition Balance，INB）法的目的是对农产品的整体营养的均衡程度进行衡量。以现有的农产品营养素参考值（NRV）为数据来源，对某农产品的所有 NRV 值的离散程度进行计算，以此为基础构建评价模型，对农产品的整体营养均衡程度进行全面衡量和评价。INB 值越小，则 NRV 值离散度越小，说明该产品的整体营养越均衡，反之，营养均衡度较低。

其中，是第 i 个营养成分的 NRV 值。

2. 营养质量指数

营养质量指数（Index of Nutrition Quality，INQ）通过评价“营养素密度”和“热量密度”两者间的关系对农产品的营养价值进行评价。前者表示单位农产品能够满足人体营养需求的程度，后者表示单位农产品能够满足人体能量需求的程度。通过比值计算，该指数对于单位农产品营养素与能量平衡关系进行评价，即对营养价值进行了评价，具体方法如下所示。

以 100g 食物为计量单位，根据食物标签的能量数值或者计算的能量数值，并查询推荐的成人能量参考摄入量，求出能量密度，即 INQ 值，具体结果如下表所示。

表　INQ 法结果表

Table　INQ method result table

INQ 值	食物名称	说明
INQ<1	营养价值低食物	食物提供营养素的能力<提供热能的能力，长期食用会导致营养素不足或供能过剩
INQ=1	营养质量合格食物	食物提供营养素的能力=提供热能的能力，相等程度上满足人体需要，表示该食物营养素提供量与能量提供量处于平衡状态
INQ>1	营养质量合格食物	食物提供营养素的能力>提供能量的能力，营养价值高，特别适合体重超重和肥胖者食用

3. 营养素度量法

食物的营养素度量（Nutrient Profile）指包括营养素种类、含量和比例在内的食物的营养素构成，而营养素度量法（Nutrient Profiling，NP）则是指基于一定的目的，根据食物的营养素成分对其行评价的方法，更加注重食物营养的全面和均衡程度。

目前，全球各政府机构和非政府机构已经建立了数十种 NP 模型，政府机构偏向于对营养和健康声称规范的管理，研究团体则侧重于对膳食指导的作用，企业则以提高产品营养质量为目标。目前，世界上主要的 NP 模型有英国的 NP—WXY 模型、美国的阈值 NP 模型、法国的 NAR 和 LIM 模型等。

目前，营养效益评价多停留在理论研究方面，针对农产品本身的营养效益评价较少。拟结合人体必需营养素和马铃薯特殊营养素，建立营养素度量模型，对马铃薯和其他主粮的营养效益进行比较分析。相较于 INB，NP 更加注重事物的营养素密度，对目标营养素富集的食品进行选择，满足营养需求又不超出能量需求，INQ 则以能量和营养素含量之间的比值作为评价营养与否的标准，并未对目标营养素进行选择。综上所述，选用 NP 法对马铃薯主粮化的营养效益进行评价。

三、研究思路和主要内容

通过对我国马铃薯产业现状及其制约因素进行分析，并结合国际发达国家的马铃薯产业发展经验，同时，结合马铃薯自身的种植优势和营养优势，初步论证了马铃薯主粮化具有良好的产业基础和现实意义。

在对河北省衡水试验基地、甘肃省定西市和广西试验基地的马铃薯种植情况进行实地调研和数据采集的基础上，采用综合效益评价的方法，结合当地实际情况制定评价指标，计算小麦、玉米和马铃薯等主粮作物在经济、生态和社会方面的综合效益值，并进行比较分析。

结合我国居民营养健康状况，采用营养素度量法对主粮主要产品的营养效益值进行计算，并进行比较分析，并结合《关于推进马铃薯产业开发的指导意见》中对马铃薯主食消费的展望，对目前和马铃薯主粮化战略下的不同主食结构所能提供的能量和营养素总量进行了分析。

最后，在主粮化的背景下，对马铃薯与小麦、玉米在经济、生态、社会和营养方面进行比较效益研究的基础上，提出加快推动我国马铃薯主粮化，促进我国马铃薯产业长远健康发展的政策与建议。

四、研究方法和技术路线

1. 文献研究法

查找与本论文研究内容相关的国内外文献，从理论基础、研究方法、模型类型、主要结论等方面仔细研究并归纳总结，整理出相关理论及研究的发展历程，借鉴好的研究方法和研究思路。

2. 实地调研法

对河北省衡水市、甘肃省定西市和广西壮族自治区南宁市三地的马铃薯种植情况进行实地调研和数据采集，调研对象主要包括三类，一是当地的节水高效种植示范基地；二是当地的种植企业和种植大户；三是当地农户。

3. 比较分析法

在进行替代种植的西北地区和华北平原地下水漏斗区，对马铃薯和当地其他主粮作物的综合效益评价结果进行比较，并进行分析和评价。

4. 归纳总结法

在主粮化背景下，对马铃薯、小麦和玉米在经济、社会、生态和营养方面的比较效益进行分析的基础上，对评价结果进行归纳总结，选择其中具有代表性的重要结论，并根据结论提出对应的政策与建议（图 1-2）。

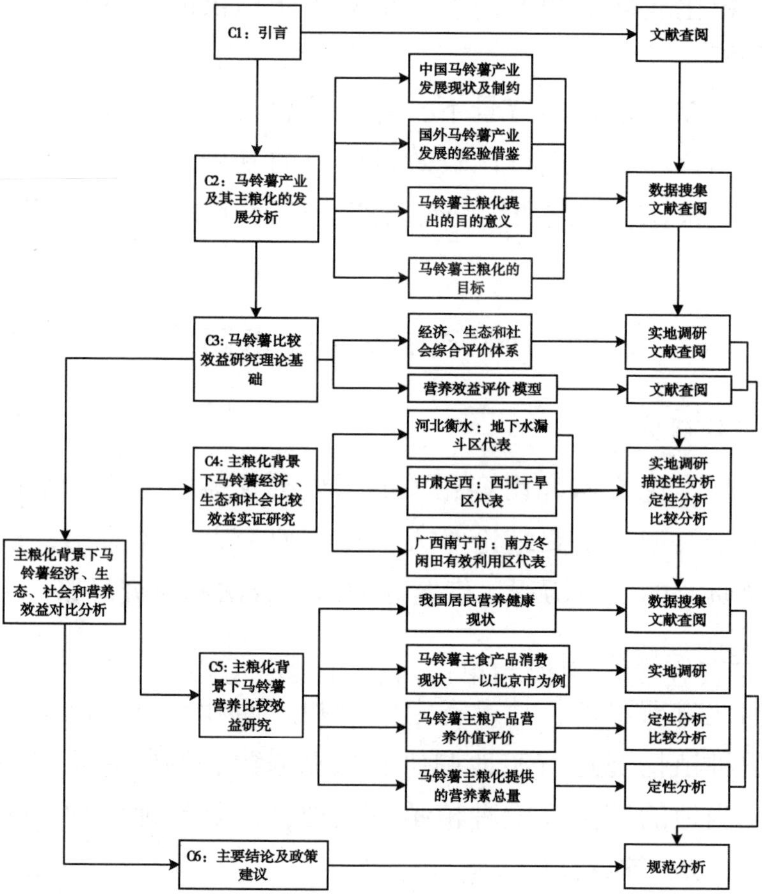

图 1-2　技术路线图

Figure1-2　Technology roadmap

第二章　马铃薯产业及其主粮化的发展分析

由于我国原有小麦、水稻和玉米三大主粮增产潜力有限，同时，我国面临着较为严重的资源环境压力，但人口数量持续增长对食物总量的预期增加、消费升级和健康需求对膳食结构优化提出要求，而我国马铃薯产业经过多年的发展，虽然相较于发达国家仍有许多不足之处，但已经具备了一定的产业基础，这些因素共同作用，最终催生了马铃薯产业发展，推动了马铃薯主粮化战略的提出。

一、中国马铃薯产业现状及制约

自 1995 年以来，我国马铃薯种植面积和总产量均位于世界前列，同时，马铃薯在我国粮食体系中也一直占据着重要位置，是继玉米、水稻、小麦之后的产量最高的农作物（图 2-1）。由于传统的三大主粮作物不仅在生产规模和单产可供开发潜力小，而且受粮食价格影响导致经济效益较低，近年来产量增长放缓甚至出现停滞。与之相对的是，由于具有经济效益高、耐旱耐瘠薄、水分利用率高等优势条件，马铃薯在我国种植区域逐年扩大，加之 2015 年提出马铃薯主粮化战略以来，国家予马铃薯高度关注，提出充分利用南方冬闲田扩大马铃薯种植面积，同时，在马铃薯加工业上给予补贴，在居民马铃薯消费上进行积极引导，从生产、加工和消费 3 个层面对马铃薯产业进行拉动，我国马铃薯产业即将迎来新的发展阶段。

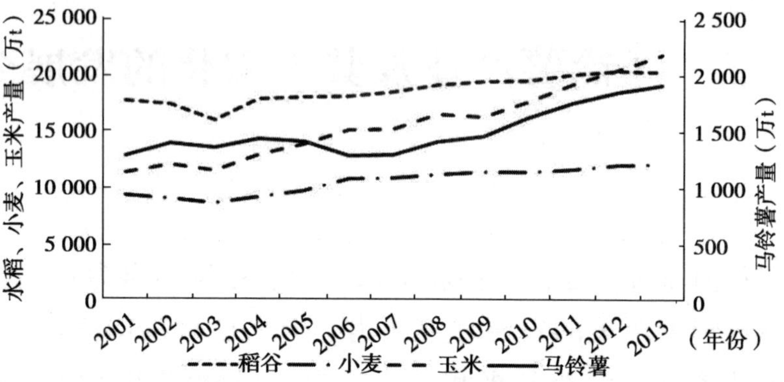

图 2-1　2001—2013 年稻谷、小麦、玉米和马铃薯的产量情况

Figure 2-1　yield of rice, wheat, maize and potato from 2001 to 2013

数据来源：中国国家统计局数据库

（一）中国马铃薯产业的发展现状

1. 生产现状

马铃薯在我国种植区域广泛，除江苏、浙江、河南、广西壮族自治区（以下简称广西）和海南等省区种植面积较小外，其余各省均有大面积种植。据统计年鉴数据，2014 年我国马铃薯种植面积为5 573. 3千 hm^2，总产量为9 551. 5万 t，占世界马铃薯种植面积和产量的比重分别为 29. 7%和 24. 2%。

（1）总产量和总种植面积呈上升趋势，单产水平仍有提升空间

近年来，我国逐渐意识到马铃薯在国民经济、粮食保障、生态安全和居民膳食营养中的重要作用，并出台了一系列促进产业发展的政策，促使我国马铃薯总产和播种面积逐步提高。我国马铃薯生产于2000 年进入稳定提高阶段，面积稳定在4 700千 hm^2左右，总产也在

7 000万 t 左右；虽 2006 年经历快速下降，但到 2008 年基本已恢复至原有水平，此后发展迅速；在 2008—2014 年的 7 年时间内，我国马铃薯总产从7 077. 9万 t 提高到9 551. 5万 t，增加了近 35%，年均增长量达 353. 4 万 t，播种面积从4 663. 4千 hm^2扩大到5 573. 3千 hm^2，增加了 20%（图 2-2）。据 FAO 统计，2014 年我国马铃薯总产量占世界总产的约 1/4，占亚洲总产的 50%以上，种植面积也达世界总种植面积的 29%，是世界马铃薯生产的主力军。2014 年我国马铃薯种植面积约为 5 573. 3千 hm^2，较 1995 年的种植面积扩大了2 139. 4千 hm^2，增长幅度为 62. 3%；按原粮计算，同时期的马铃薯产量从 1995 年的4 572万 t 提高至 2014 年的9 551. 5万 t，增长了 108. 9%。20 年间，我国马铃薯产量的增长速度约为种植面积增长速度的 1. 7 倍。

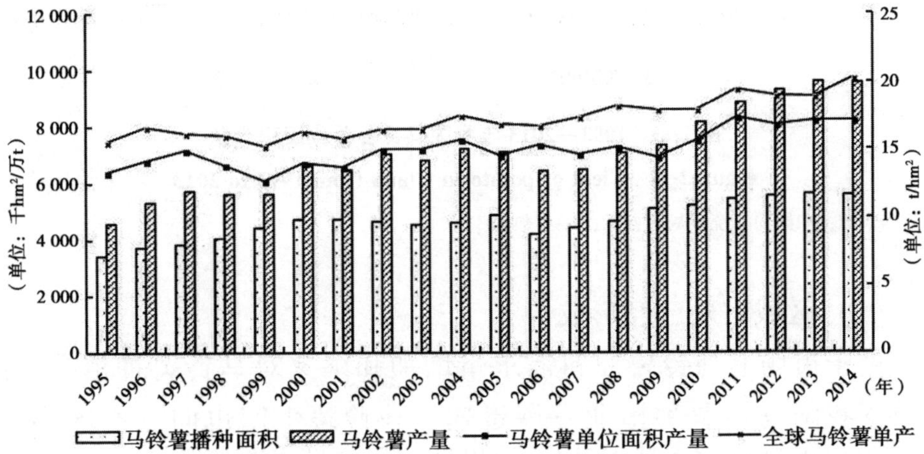

图 2-2　1995—2014 年我国马铃薯种植情况

Figure 2-2　potato planting in China from 1995 to 2014

数据来源：中国国家统计局数据库

与此同时，我国培育并引进大量优良薯种，并实施试点政策，加快脱毒种薯和先进配套栽培技术的推广，促进了马铃薯种植行业生产水平的提高。我国马铃薯单产量从 2009 年起进入平稳上升阶段，

2014 年达到 17. 0 t/hm^2，相较于十年内的最高水平 14. 4 t/hm^{2}增长了约 18%（图 2-3），但距离国际上的平均单产水平 20. 1t/hm^{2}仍有一定距离，并且，远低于美国、荷兰等马铃薯生产先进国家 45. 6t/hm^2（FAO 数据）以上的单产水平，可见，我国马铃薯生产仍有较大潜力可以挖掘。

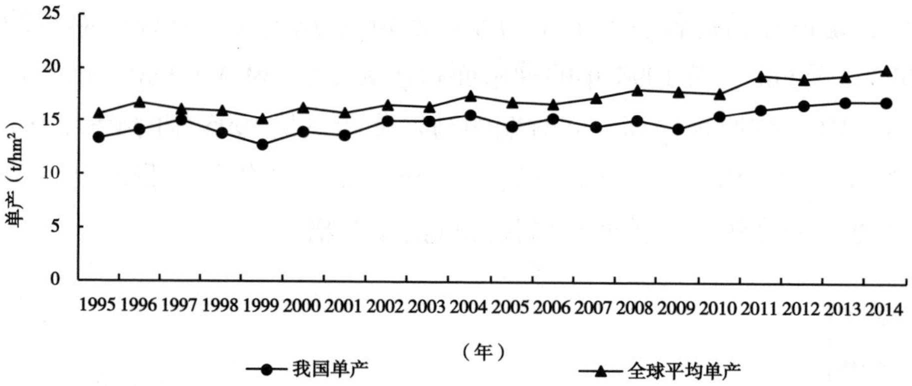

图 2-3　1993—2013 年我国马铃薯单位面积产量

Figure2-3　Yield of potato in China from 1993 to 2013

数据来源：中国国家统计局数据库，FAO 数据库

（2）区域布局已经形成

由于市场上马铃薯原料需求量增加和国家对马铃薯种植产业的支持，我国马铃薯种植业发展迅速，马铃薯生产也向主产区集中。马铃薯作为耐旱耐高海拔的经济作物，主产区集中在我国西北和西南地区，2013 年生产规模位于全国前 5 位的四川、甘肃、贵州、内蒙古自治区（以下简称内蒙古）、云南 5 个主产省（区）均位于西部地区，且该 5 省区生产规模和种植面积占到全国的 50%以上，整个西部地区总产占比 63%，种植面积占比 65%，见下表所示。

表 2013年我国马铃薯主要生产省份

Table Main provinces of potato production in China

地区	总产量（万 t）	播种面积（千 hm^2）	单位面积产量（t/hm^2）
全国	9 594. 0	5 615. 0	17. 1
四川省	1 405. 0	768. 0	18. 3
甘肃省	1 223. 0	698. 7	17. 5
贵州省	1 057. 5	689. 5	15. 3
内蒙古自治区	1 002. 0	610. 8	16. 4
云南省	972. 5	530. 1	18. 3
重庆市	608. 5	356. 3	17. 1
黑龙江省	540. 0	267. 7	20. 2
湖北省	370. 5	237. 5	15. 6
陕西省	345. 5	281. 6	12. 3
河北省	309. 0	169. 5	18. 2
吉林省	242. 0	74. 1	32. 7

注：数据来源于《中国农村统计年鉴 2014》

目前，我国马铃薯种植区域化格局已基本形成，根据气温和降水等气候条件、土壤类型等不同的自然条件，具体划分为北方一作区、中原二作区、西南一二季混作区和南方冬作区四个区域，现有各区域马铃薯错季上市，相互补充。

北方一作区主要包括东北地区除辽东半岛以外的大部分地区，华北地区的河北和山西北部、内蒙古全部以及西北地区的陕西北部、宁夏回族自治区（以下简称宁夏）、甘肃、青海全部和新疆维吾尔自治区（以下简称新疆）的天山以北地区；西南一二季混作区包括云南、贵州、四川、重庆、西藏自治区（以下简称西藏）等省（区、市），湖南和湖北西部地区以及陕西的安康市；南方冬作区包括江西南部、湖南和湖北东部、广西、广东、福建、海南和台湾等省（区）；中原二作区包括辽宁、河北、山西 3 省的南部，河南、山东、江苏、浙江、安徽和江西等省。在马铃薯种植面积上，以上四区分别占全国总种植面积的49%、39%、7%和5%，其中，南方冬作区充分利用水稻等作物收获后的冬闲田，潜力巨大。在主要优势方面，北方一作区是我国主要的种薯产地和加工原料薯生产基地，西南一二季混作区是我国马铃薯面积增长最快的产区之一，南方冬作区的马铃薯在2—4月淡季上市，在出口和早熟鲜食用方面效益显著。

2. 消费现状

随着马铃薯加工产业的发展，我国马铃薯人均消费量逐年上升，由1981年的14kg增长至2014年的41.2kg，仍处于较低水平，但就总量而言，我国是世界上最大的马铃薯消费国，马铃薯消费市场潜力巨大。

(1) 马铃薯消费总量呈上升趋势

进入20世纪90年代以来，我国马铃薯消费量呈现3个阶段：一是波动增长阶段（1991—2004年），我国马铃薯消费总量由1991年的3 070.0万t逐渐增长到2004年7 269.7万t，虽然增长过程中有轻微波动，但年增长率仍达到了6.9%，远高于同期小麦消费总量上涨幅度；二是快速下降阶段（2004—2006年），2004—2006年2年中，马铃薯消费总量大幅下跌，2007年消费总量仅为5 612.0万t，下降了近1/4，低于1997年的消费水平；三是快速增长阶段（2007—2013年），进入2007年后，我国马铃薯消费总量得到恢复并快速上涨，到2013年已增至9 672万t，年增长率高达8.1%。可见，20多年来我国马铃薯消费总量总体上呈现上升趋势，并在近些年展现快速上涨势头（图2-4）。

(2) 我国马铃薯消费结构以食用为主

马铃薯消费按其用途可以具体分为食用、饲用、种用、加工、损耗和其他用途六项内容。根据FAO统计数据，我国2013年马铃薯消费结构为：59.7%用于食用，22.9%用于动物饲料，8.7%作为加工，5.0%的损耗，3.2%留作种用，0.4%用于其他用途（图2-5）。

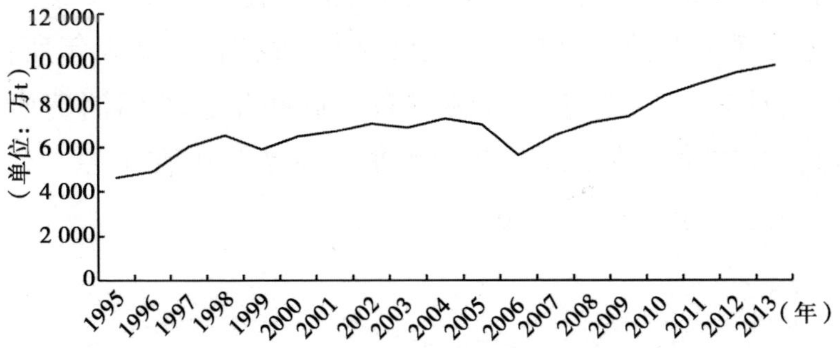

图 2-4　1991—2013 年我国马铃薯消费总量

Figure 2-4　Potato consumption in China in 1991 -2013

数据来源：FAO 数据库

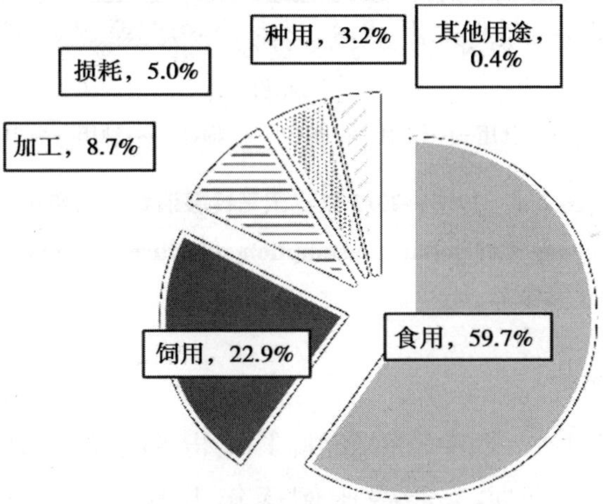

图 2-5　2013 年我国马铃薯消费结构

Firure 2-5　Potato consumption structure in China in 2013

数据来源：FAO 数据库

长期以来，我国马铃薯消费以食用、饲用和加工为主，3 项之和常年占据马铃薯消费量的 90%左右，但其内部各部分所占比例波动较大。食用是我国马铃薯消费的主要方式，近些年长期维持在 60%~70%，大部分北部及西部地区作为菜用消费，少数南方地区将其作为主食食用；其次是饲用消费，我国饲用消费比例在2007达到最低点7.7%，此后逐年上升，2013年为22.9%，相当于1998年所占比例；加工比例波动较小，维持在10%左右。近些年，种用消费所占比例逐年下降，基本维持在3%~4%的水平，主要集中在中原二作区和不适宜留种的南方地区（图2-6）。

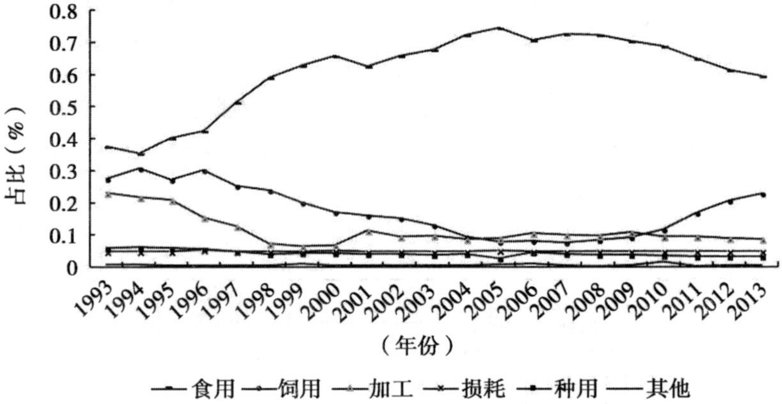

图2-6 1993—2013年我国马铃薯消费结构变化

Figure 2-6 The changes of potato consumption structure in China from 1991 to 2013

数据来源：FAO数据库

3. 加工业现状

在过去十多年中我国马铃薯加工业得到了较快发展，鲜食消费比例有所下降，工业加工消费比例逐年上升。加工产品主要包括淀粉及变性淀粉、全粉、休闲食品（如薯片、冷冻薯条等）、粉丝、粉条、粉皮等。目前，我国共有5 000多家马铃薯加工企业，其中，规模以上的加工企业有150余家，产能达170多万t。《马铃薯加工业发展规划》显示，2010年全国马铃薯加工企业共消耗马铃薯692多万t，实际产品产量约100万t，各类淀粉产量61万t（其中，变性淀粉产量16万t），薯片产量约30万t，冷冻薯条产量11万t，全粉产量约5万t。不仅加工业本身取得了良好的经济效益，而且有力支撑了马铃薯产业的发展，促进了当地农民增收。同时，我国加工业也面临一系列问题：一是我国马铃薯用于加工的比例仍处于较低状态，2010 年我国马铃薯加工比例仅为 8%，远低于世界发达国家 50% 的高比例；二是加工产品附加值低，以淀粉为主要原料的粉条、粉丝等粗加工产品占比高达 90%以上，这些粗加工产品，经济效益低，销售也面临较大困难。

（1）淀粉加工业

相较于其他植物性淀粉，马铃薯淀粉及经过化学方法生成的马铃薯变性淀粉具有淀粉颗粒大、黏度高、膨胀性好、微量元素含量高等优势，理化指标及工业应用性能更佳，广泛应用于制药、化工、建材、造纸等重要工业领域，尤其在食品工业方面应用更为广泛。据预测，未来中国将有 20% 的人口以马铃薯淀粉制品为主食，到 2030 年，国内对马铃薯精淀粉的需求量将达到 180 万 t。

我国马铃薯淀粉加工产业起步于 20 世纪 80 年代，一直处于不断发展之中。据中国淀粉工业协会统计，2011 年，我国马铃薯淀粉加工能力已达 120 万 t，实际产量 50 多万 t，其中，有标准生产线的、质量在国标优级、一级以上的马铃薯淀粉产量约为 30 万 t，小厂生产的合格品及合格品等级以下的产量为 22 万 t 左右。我国马铃薯淀粉加工业集中优势明显，市场占有率排名前 10 名的企业的淀粉生产量占全国总产量的 50%以上，三成左右的企业产量超过 5 000t，受天气和国际市场因素影响，2012 年、2013 年马铃薯淀粉总产量逐年下降至 34. 5 万 t，但 4 万 t 以上产量的生产厂家仍有所增长，2013 年已有 89 家。

（2）全粉加工业

我国马铃薯全粉加工业起步较晚，始于 20 世纪 90 年代，前期发展较为缓慢，2000 年随着专用品种的引进得以快速发展。目前，我国马铃薯全粉加工主要以大西洋（Atlantic）和夏波蒂（Shepody）为原料。根据加工工艺的不同，马铃薯全粉分为雪花全粉和颗粒全粉两类，主要用于膨化食品、西餐配料、复合薯片等。近年来，随着麦当劳、肯德基等国外快餐连锁企业在国内的迅速扩张，国内市场对马铃薯全粉的需求量也大大增加，目前，全国马铃薯全粉加工能力为 26 万 t 左右，市场需求仍存在较大缺口。

（3）休闲食品加工业

目前，马铃薯休闲食品薯条、薯片按加工工艺可分为天然型和复合型，天然型产品由专用薯直接切片切条油炸制成，包括切片型薯片和速冻薯条，复合型产品则是将马铃薯全粉、淀粉等混合压制成型后油炸制成，包括复合型薯片和薯条。

2010 年，我国马铃薯薯片产能近 35 万 t，其中，切片型占 60%以上，实际产量 30 万 t 左右，总产值超过 90 亿元人民币，占整个马铃薯加工产业总产值的 62%左右。据农业部统计，2011 年国内切片型薯片加工企业有百事、好丽友、上好佳、云南子弟、广东四洲、达利、盼盼等企业，年产能 13. 97 万 t；冷冻薯条的生产量处于逐年递增阶段，主要厂商有山西蓝顿旭、内蒙古谷凌志法姆福瑞等，预计 2015 年产能可达 16. 8 万 t 以上；复合型马铃薯片有百事、旺旺、达利、盼盼等，年产能 15. 28 万 t，3 项相加为 46 万 t 以上。

（二）中国马铃薯产业面临的制约因素

1. 国人固有的饮食习惯难以改变

受我国传统饮食文化影响，大多数国人以米、面作为日常生活中常食用的主食，而马铃薯则多以菜用、小吃的形式出现，除去少数贫困地区，鲜少有将马铃薯作为主食食用。我国南方是我国马铃薯主要消费地区，然而当地人民也只在贫困的时候将马铃薯作为主食食用，并未认识到其营养价值，并认为大量食用马铃薯是贫困的象征。

随着我国经济快速发展，全球一体化进程也在不断加快，有越来越多的西方餐饮进入中国，并占据了一定的市场份额，影响我国居民的食品消费结构。近年来，我国居民人均马铃薯食用量显著增长，但仍不及欧洲平均水平的1/2，市场潜力巨大。

2. 我国马铃薯种业面临“一低一少”的困境

一低是指国内优质脱毒种薯覆盖率偏低。我国马铃薯脱毒种薯已经在全国20多个省市自治区进行生产，但是优质种薯应用比例仍处于较低水平。据统计，2014年我国优质种薯的覆盖率约为35%，距离发达国家90%以上的覆盖率仍有较大差距，大部分农户仍选择使用零成本的自留薯种进行种植，不仅产量和品质难以提高，病害发生时还会发生大量减产，严重时可减产70%。究其原因，一是由于优质脱毒种薯价格较高（为4 500~6 000元/hm^2），极大地挤占了农民的利润空间；二是我国种薯市场秩序较混乱，农户难以买到合格的优质种薯。

一少是指高品质加工用薯种少。目前，我国马铃薯种薯的培育多集中在鲜食品种和薯种抗病性上，对高品质加工专用种薯重视不足，导致国内自主繁育的专用型马铃薯品种缺乏，在品种品质和品种数量上均难以满足国内外日益增长的加工和消费需求。在品质方面，我国淀粉含量最高的马铃薯品种其淀粉含量仅为14%~16%，而欧美地区严格规定工业加工用马铃薯品种的淀粉含量在18%到23%，推广种植的马铃薯淀粉含量更是高达30%；数量方面，国内加工专用薯比例仅为15%左右，而发达国家多在70%以上。截至2013年，我国自主繁育的马铃薯品种有430余个，但其中满足马铃薯全粉加工要求的品种只有5~8个，大多数仍属于鲜食品种，难以满足马铃薯主粮的加工要求。现阶段在我国大面积推广的鲜食早熟品种——费乌瑞它、薯片加工用品种——大西洋和薯条加工用品种——夏波蒂等均引自国外。

3. 马铃薯种植机械化程度低

我国马铃薯生产机械化技术及相关设备的研究起步较早，但过去20年间，发展较为缓慢。虽然近年来我国对对中小型马铃薯挖掘机及大型联合收获机的应用和推广采取了一系列措施，但我国马铃薯机械化程度仍处于较低水平，据统计，2011年我国马铃薯耕整地、播种和收获的机械化水平分别为48%、19.6%和17.7%，与世界发达国家75%的机械化水平仍有一定的差距。究其原因，一是与马铃薯种植区域有关，我国马铃薯种植区域主要集中在西南和南部，整个西部地区马铃薯种植面积占比更是高达65%，并且这些马铃薯有70%种植在山区和坡地上，但马铃薯种植机械应用则主要集中在东北、华北大部分平原地区，并且多为小型设备；二是目前我国马铃薯种植小型设备的研发和推广比较缓慢，现有机械设备种类较为单一，并且难以适应马铃薯主产地复杂多变的地形。

4. 马铃薯加工业面临“一少一落后”的困境

一是马铃薯加工产品少。目前，我国马铃薯加工产品主要以薯条和薯片为主，两者占据了我国加工产品总量的近一半。马铃薯加工产品单一使得消费者对现有马铃薯产品的购买力已经饱和，难以产生新的购买行为，市场上对原料马铃薯的需求量难以增长，从而整个马铃薯产业链的发展受阻。与我国缺乏由本国特的马铃薯加工产品形成鲜明比较的是，西方国家十分重视对马铃薯新产品的研发，注重用多样化的需求拉动整个产业链发展，美国现有数百种以马铃薯为原料的加工产品，涵盖衣食住行的方方面面。

二是马铃薯加工技术落后。我国对马铃薯加工技术的研发始于20世纪80年代，起步晚，与发达国家差距大，仍处于初级阶段。在加工技艺的研究过程中，因为缺乏配套的硬件设备，马铃薯加工相关技术的研发仅停留在实验室阶段，难以进行推广应用，此外，缺乏加工专用的优良品种也是我国加工技术面临的难点之一。

二、国外马铃薯产业发展的经验借鉴

我国马铃薯单产产量、消费量距离世界先进国家都还有一段距离。2014 年，我国马铃薯单产为 17.02t/hm^2，有所增长，但距离全球平均水平 20.05t/hm^2的仍有一段距离，更远远小于荷兰（45.66t/hm^2）、美国（47.15t/hm^2）等马铃薯种植先进国家；目前，我国马铃薯人均消费量为 41.2kg，远低于西欧、北美等马铃薯消费大国，其人均消费量可达到 60~100kg。现阶段通过分析世界马铃薯的生产和消费现状，借鉴各马铃薯产业优势国家在相关政策、管理方式和技术层面的正向经验，对促进我国马铃薯产业的健康有效发展具有重要意义。

1. 建立了完善的行业标准体系和法律体系

国际马铃薯产业先进国家大多拥有较为完善的马铃薯行业标准体系和用以保障各行业标准顺利实施的法律体系。这些行业标准体系监管着马铃薯产业的方方面面，包括种薯的培育和生产，鲜薯的种植、生产和流通以及马铃薯加工品的制成和流通等过程中所涉及的各个行业，并就各环节所应用的技术和工艺是否合规、产品质量安全的各项参数是否达标进行统一评价和监管。以荷兰马铃薯种薯行业为例，整个马铃薯种薯繁育体系由生产体系、检测体系和认证体系三部分构成，由农业部授权“荷兰农业种子和马铃薯种薯综合检测中心（NAK）”负责对荷兰马铃薯种薯的检测和认证，只有通过检测和分级认证后获得合格证的种薯才可以在市场上销售。

2. 重视专用型马铃薯的繁育研究

随着马铃薯加工业的不断发展，国际市场上对专用型马铃薯的需求持续增长，对鲜薯质量和鲜薯中淀粉等目标成分含量的要求也愈加严格，促使各马铃薯生产国在保证薯种抗病、抗旱等基本特征的基础上，开始重视针对不同加工产品的专用型薯种的繁育研究。目前，国际上专用型马铃薯品种分为食品专用型、淀粉专用型、油炸专用型、全粉专用型等。如荷兰，目前，荷兰注册在案的马铃薯品种达400余个，实际用于生产的品种有250个，薯种的多样化是荷兰马铃薯产业的支撑；美国拥有的大西洋、考瑞特、斯诺登和加拿大的夏波蒂等品种，均为世界著名的油炸型马铃薯专用品，是本国马铃薯主要出口品种。

3. 重视“硬”“软”两个技术创新

马铃薯生产先进国家在马铃薯产业节水、节能、高效率、高质量、高利用率和高提取率等“硬技术”方面取得了突出进步。如美国的科罗拉多州的马铃薯研究中心针对马铃薯节水高产进行研究并向种植者进行技术推广，荷兰拥有一系列适合马铃薯播种的机械化设备。

同时，发达国家非常注重对马铃薯产业的“软”技术创新。一是进行质量全程监控建设，如美国在在全国范围内的马铃薯相关企业中推广的全程质量控制体系，涵盖了目前世界上现有的主要操作规范，包括GMP（Good Manufacturing Practice，良好操作规范）、HACCP（Hazard Analysis Critical Control Point，危害分析及关键控制点）和SSOP（Sanitation Standard Operating Procedure，卫生标准操作程序）等，确保从马铃薯种薯到产成品的产品质量安全；二是重视探索适合本国马铃薯产业发展模式，如美国采用“科学—技术—生产”的自主创新模式，荷兰采用以企业为支撑进行种薯繁育研究的模式。

三、马铃薯主粮化提出的目的意义

在我国现有的马铃薯产业基础上，提出马铃薯主粮化，不仅可以促进马铃薯产业的良性发展，可以有效缓解我国目前所面临的各个方面的压力，并有效改善我国居民的膳食结构。

（一）有利于我国农业产业结构调整

目前，由于我国现有农业产业结构不尽合理，我国许多区域出现了较为严重的生态问题，例如，在降水资源并不丰富的华北平原，由于当地以种植高耗水作物小麦为主，大量抽取地下水灌溉，形成了严重的地下水漏斗区。

1. 有助于缓解资源环境压力

马铃薯种植过程对灌溉用水需求量较小，这使得它能够在水资源匮乏、土壤贫瘠的地区进行种植，如在华北平原地下水漏斗区和西北干旱半干旱区都可以种植马铃薯，尤其是在西北地区，马铃薯是当地的重要产业支柱。究其原因，主要是因为马铃薯的最低蒸腾系数较低，约为 350，而其他主粮作物，如小麦、水稻，它们的蒸腾系数分别达到了 450 和 500，分别是马铃薯的 1.3 倍和 1.4 倍，尤其是水稻，由于是水生作物，在生长期需要更多的水资源。部分西北干旱区的年降水量只有 350mm，经试验，马铃薯可以在此区域正常生长结薯，同时，可以有效改善当地水土流失严重的情况。通过在缺水贫瘠地区推进马铃薯主粮化，可以有效缓解我国资源环境所面临的较大压力。

2. 有效提高种植户收入水平

不仅如此，相较于小麦和玉米，在华北地区和西北地区种植马铃薯，可以为种植户带来更高的经济收益，尤其在部分西北地区，鼓励种植马铃薯、发展马铃薯产业已成为当地政府帮助农民摆脱贫困、实现富裕的重要途径。在甘肃省渭南县，2011 年，当地的农民从马铃薯产业中人均获得收入 1 354 元，该数额约占其人均纯收入的 50%，可见，马铃薯产业是当地农民的主要经济收入来源之一。马铃薯种植的较高收益性能够有效降低其推广的难度。

可见，马铃薯的耐干旱的种植特性和高收益的经济特性，正使得它成为农业结构调整的重要作物，在我国农业产业结构优化中发挥着愈加重要的作用。

（二）确保我国粮食安全

近年来，我国粮食产量呈上升趋势，2016 年更是实现了历史性的 12 连增，但是我国粮食需求量也在增加之中，与此同时，我国粮食进口量逐年增加，对进口的依赖程度也逐渐加深，加之，我国农业劳动力成本也处于不断上涨之中，原有主粮作物产量后劲有限，耕地面积逐年减少，我国的粮食安全仍面临着较重的压力。而马铃薯主粮化在确保我国粮食安全方面将发挥重要作用。

一方面，马铃薯种植面积增长空间大。马铃薯由于自身的种植优势，包括耐干旱、耐严寒和耐土地贫瘠等，可以在我国境内几乎所有生态环境区域进行种植，可种植范围十分广阔，大大扩大了马铃薯的潜力种植面积。另一方面，马铃薯属于高产量作物，相较于潜力有限的传统主粮作物：水稻、小麦和玉米，马铃薯单产水平可提高潜力大，按照现有的农业科技水平，在理论上，马铃薯单产值甚至可高达 $120t/hm^2$，在现实中，欧盟、美国等先进国家的单产水平也在 40t/hm^{2}以上，而我国 2014 年平均单产仅为 17t/hm^2，仍处于较低水平，甚至略低于全球平均水平。

可见，即使在不与其他主粮作物争抢耕地的前提下，通过在“空白”种植区域扩大马铃薯种植面积，在小麦、玉米种植低效益区展开马铃薯替代种植，同时，积极提高马铃薯单产水平，可以有效增加我国粮食产量，有效确保国家粮食安全。

（三）改善居民膳食营养结构

马铃薯营养元素十分全面，不仅包括人体必需的三大营养物质，富含各种对人体有益的矿物质元素，还含有其他主粮产品所没有的维生素 C、维生素 A 等维生素。

1. 脂肪含量低，且富含蛋白质

相较于其他三大传统主粮作物，马铃薯脂肪含量低。以 100g 为计量单位，马铃薯鲜薯、全粉中分别含脂肪 0.2 g、0.5 g，稻米、小麦和玉米中的脂肪含量分别高达 0.8 g、1.2 g 和 3.8 g，均高于马铃薯，尤其是玉米，脂肪含量是鲜薯的近 20 倍，是全粉的近 8 倍。马铃薯主食化的推广，可以有效降低居民现有饮食结构中的脂肪含量，可以有效缓解我国目前日益严重的与脂肪相关的各种慢性病发病率的增长。在蛋白质方面，马铃薯蛋白质含量较高且蛋白质品质好，鲜薯中蛋白质含量一般为 1.6%~2.1%，另外，马铃薯所含蛋白质质量与鸡蛋相当，此类蛋白质易被人体消化吸收。在膳食纤维含量方面，马铃薯块茎内膳食纤维含量远高于稻米、小米和小麦粉的膳食纤维含量，是后者的 3~13 倍。

2. 富含矿物质元素和维生素

此外，马铃薯还含有丰富的矿物质、维生素和植物化学物等微量营养素，如钾、镁、维生素 C、维生素 E 等，尤其是钾和维生素

C，其含量远高于其他主粮产品。每100g产品中，马铃薯鲜薯、全粉分别含有钾元素342mg、980mg，甚至高于蔬菜，分别含有维生素C 27. 0mg、25. 9mg，约为每日膳食推荐摄入量的25%。此外，马铃薯中还富含酚类物质，一些彩色马铃薯中还含有丰富的花青素，这些成分该对于延缓人体衰老、保持身体健康具有重要作用。此外，马铃薯在一定程度上可以帮助食用者有减少体重，这是由于马铃薯中丰富的膳食纤维会增加食用者的饱腹感，从而减少食物摄入量，同时，膳食纤维可以有效促进肠胃蠕动、加大体内脂肪代谢活动。

综合来说，通过推广马铃薯主粮化，将马铃薯纳入现有主食结构当中，可以提高我国主食产品的整体营养价值，有效改善我国居民的营养摄入情况，有助于提高国民整体身体素质的提高。

四、马铃薯主粮化的目标

农业部出台的《关于推进马铃薯产业开发的指导意见》对马铃薯产业到2020年的目标做了具体规划，在种植方面，要将我国马铃薯的种植面积增加到1亿亩以上，带动马铃薯总产量增加到1. 3亿t，在消费方面，具体提出了马铃薯主食产品的消费要占到马铃薯总消费量的30%。

第三章　主粮化背景下马铃薯比较效益研究理论基础

一、经济、生态和社会综合评价体系

目前，针对种植方面经济、生态和社会综合效益评价主要使用的是多层次分析法，主要包括评价指标的选择和确定、数据处理方法的选择和评价方法的选择。

（一）评价指标的选择和确定

马铃薯主粮化战略主要在以下3个区域为目标区域：华北平原地下水漏斗区、西北干旱半干旱区和南方冬闲田，各个区域虽然承担着不同的具体目标和任务，但是其总目标是一致的，即保障我国粮食安全，维护当地生态环境的稳定，并提高当地居民的整体生活水平。以总目标为基础，将马铃薯种植的综合效益划分经济效益、生态效益、社会效益和营养效益四个方面，构成综合效益评价体系的准则成指标。进一步对准则层指标进行分析，选取能够反映准则层效用的具体指标。

1. 经济效益分析

主粮化背景下马铃薯的经济效益是指主粮化实现后，能为社会提供的经济财富的增加值，在替代种植地区表现为，与原有主粮作物相比，种植马铃薯将带来更高的经济效益，在推广种植地区则单纯表现为马铃薯种植所带来的新增经济效益。而农产品经济效益的高低是农民是否会主动选择种植的最关键因素，只有马铃薯种植的比较收益高于其他粮食作物，农民才会主动选择种植，并投入资金和劳动，从而促进其生产规模的扩大。选取农户从种植农作物中获得的收入总量能够直接反映经济效益，以农户从农作物种植中获得的净收益选取现金收益和成本利润率，作为经济效益评价指标。

2. 生态效益分析

目前，化肥、农药和农膜超量施用现象，在我国农业种植过程中广泛存在。在1995—2014年的10年，我国农作物播种面积由149 879.30 hm^2增长至165 446.25hm^2，年均增长率达0.521%，变化不大，而农用塑料薄膜使用量、农用化肥施用折纯量和农药使用量年均增长率分别达到了5.61%、2.73%和2.71%，均远大于同期农作物播种面积增长情况，可见，我国农业生产发展过程中，化肥、农药和农膜的使用量增长迅速并已经过量，这会减少土壤中有机质的含量，进一步使得土壤营养成分结构逐步恶化，从而对生态效益造成负向影响。另外，我国每年病虫害发生和防治次数，在种植面积几乎不变的前提下，也在不断增加，这主要是由于我国农药使用量的增高提高了温室气体排放量，导致温度升高，而病虫害发生的增加又进一步促进农药使用量的增加，形成恶性循环。

具体来说，华北平原地下水由于多年超采形成的漏斗区地下水水位不断下降，从而形成了一系列深、浅层地下水位降落漏斗，地下水资源匮乏，并由此引起了地面下沉等一系列地质环境问题，严重危害了该地区的生态安全；西北干旱和半干旱区由于其气候和地理特点，当地降水量少且土壤有机质含量低，从而促使当地农民在种植过程中，为获得高产量而大量使用化肥、农药和农膜，故该区域在生态环境方面主要面临着水资源匮乏、化肥、农药和农膜滥用的问题；而南方区域，由于季节性闲置，存在土地资粮的浪费，通过提高当地复种指数，可以有效保障我国粮食安全，是我国粮食增长的重要潜力地区。

3. 社会效益评价

主粮化背景下马铃薯的社会效益表现在对农业生产和社会发展的贡献上，也称为外部间接经济效益，带动，主要表现在以下 4 个方面。

一是在替代种植的过程中，通过提高马铃薯单产，继续确保我国的粮食安全，保证我国粮食供给水平不降低，以单位面积粮食产量作为评价标准；二是对种植户收入和区域经济增长的贡献，尤其在西南和西北干旱的贫困地区，马铃薯本身就是当地农户口粮和收入的基本保障，通过马铃薯主粮化在贫困地区的推广，可以实现精准扶贫，具体表现为人均纯收入占比和马铃薯产业产值占 GDP 比重；三是带动农业劳动力，表现为以最低的劳动投入创造更高的价值，包括促进劳动力向高产值产业转移和提高劳动力所生产的农产品产值两方面，相较于原有三大主粮，马铃薯种植费工较高（表 3-1），且单位劳动力获得收益更多，不仅将大量劳动力从农业种植中解放出来，促使剩余劳动力向第二、第三产业转入，而且提高了参与种植的周边农户的经济水平。

表 3-1　主粮作物每亩用工量

Table 3-1　The amount of labor per mu of staple crops

	2011	2012	2013	2014	2015
水稻	7.6	7.2	6.87	6.43	6.23
小麦	5.58	5.16	5.03	4.87	4.65
玉米	7.18	6.95	6.6	6.3	5.95
马铃薯	8.52	8.84	8.26	7.52	7.13

数据来源：《全国农产品成本资料汇编 2011—2016》

通过对综合分析，得到评价指标体系，如表 3-2 所示。

表 3-2　经济、生态和社会综合效益评价指标

Table 3-2　Indexes of economic, ecological and social benefits

目标层	准则层		指标层
	经济效益（B_1）		现金收益（元/ hm^2），X_1
			成本成本利润率（%），X_2
	生态效益（B_2）	水资源利用情况	耗水量（mm），X_3
			灌溉量（mm），X_4
		肥料利用情况	化肥施用量（折纯）（万 t/hm^2），X_5
			施肥结构（万 t/hm^2），X_6
		农药利用情况	农药使用量（万 t/hm^2），X_7
		薄膜利用情况	农用薄膜使用量（t/hm^2），X_8
	社会效益（B_3）	粮食安全	单位面积粮食产量（kg/hm^2），X_9
		区域经济	人均纯收入占比（%），X_{10}
			农作物产业 GDP 的贡献率占比（%），X_{12}
		用工情况	劳动力投入（个/hm^2），X_{13}
			劳动生产率（元/个/hm^2），X_{14}

主要评价指标解释如下。

（1）经济效益评价指标

现金收益 X_1：该指标用于衡量农户能从农作物单位种植面积中获得实际收入的多少，是农作物面积产值（即现金收益）与单位面积现金成本（即为生产该农产品而发生的全部现金支出和实物支出）之间的差值。

成本利润率 X_2：反映了农产品生产过程中消耗的全部资源（包括自有土地和家庭用工）的净回报率，是净利润与总成本的比值，其中：

净利润=产值合计-总成本

总成本=生产成本+土地成本=（物质与服务费用+人工成本）+土地

=［物质与服务费用+（家庭用工折价+雇工费用）］+（自营地折租+流转土地租金）

（2）生态效益评价指标

灌溉量 X_3：指农作物生长过程中发生的，实际灌溉用水量。

耗水量 X_4：用于衡量一个生长周期内单位种植面积上农作物的耗水量，公式（郭燕枝等，2014）为：

X_4=效灌溉量+有效降水

化肥使用量 X_5：在单位面积上，生产过程中实际使用的氮、磷、钾和复合肥中有效成分的折纯量。同类化肥元素含量基本相同，故指标值越小，说明化肥施用量越小。

施肥结构情况 X_6：生产过程中有机肥（即农家肥）使用量占总肥料施用量的比重。相较于化肥，有机肥的营养元素含量更丰富，研究证明，增加有机肥替代能够有效提高马铃薯的产量和水分利用效率，对环境污染小，显著提高资源利用效率，故该指标值越大，说明施肥结构趋向合理，对生态效益产生正向影响。

X_6=有机肥施用量/肥料总施用量

农药使用情况 X_7：由于各示范基地和农户使用的农药品种过于繁杂，难以有效计量其使用量，故用农药费来代表农药使用情况，农药费包括生产过程中所使用的杀虫剂、杀菌剂、除草剂等农药的总成本。

农用薄膜使用量 X_8：指生产过程中所耗用的农用薄膜（包括棚膜和地膜）的总量。

（3）社会效益评价指标

单位面积粮食产量 X_9：将马铃薯按照5：1的折粮比进行粮食产量折算，进行单位面积粮食产量的计算，并与小麦单产进行比较，可以反映出马铃薯替代小麦种植对粮食安全的保证性。

人均纯收入占比 X_{10}：指农村居民从产业中获得的纯收入占人均纯收入农作物收益对当地农村居民人均收入带来的增加程度，用于衡量产业发展给当地居民带来的收入增长。

X_{10} = 农产品现金收益增加量/当地农村居民人均收入增加量×100%

产值占 GDP 比重 X_{11}：指当地农作物产业产值占总 GDP 的比重。

劳动力投入 X_{12}：指单位生产面积所使用的用工单位（1 用工单位=1 人/天）个数，可以反映农作物种植的机械化水平与劳动力投入过多，生产操作比较烦琐直接影响农民生产的积极性，并且阻碍了农民利用农闲时间在第二、第三产业获得收益的机会，增加了第二、第三产业的用工难度。

农业劳动生产率 X_{13}：用于衡量单位种植面积上，每个用工单位所创造的产值，是单位面积产值与单位面积用工单位的比值。数值越高，表明每单位用工单位所创造的价值更高。

（二）综合评价理论方法

1. 数据归一化处理

首先，对指标进行规范化处理，目的在于消除数据不同评价指标间由于具有不同的量纲和量纲单位而影响到数据分析的结果。通过数据规范化处理，由原始数据计算的而得出的各评价指标的初始指标值，不仅消除了单位的影响，而且都处于同一数量级单位中，从而能够有效通过加权计算得出综合效益评价值。以下是 3 种常用的规范化方法：

（1）min-max 标准化方法

该方法又被称为离差标准化，是通过对初始数据进行线性变化，而不改变数据之间的大小关系，并将变换后结果置于［0－1］之间。转换函数如下：

$$x_{ij}' = \frac{x_{ij}\min(x_j)}{\max(x_j) - \min(x_j)}，x_{ij} \text{为效益型指标}$$

$$x_{ij}' = \frac{\min(x_j) - x_{ij}}{\max(x_j) - \min(x_j)}，x_{ij} \text{为成本型指标}$$

（2）Z-score 标准化方法

该方法使用初始数据的均值和标准差 2 个统计变量，对初始数据进行标准正态化处理，使处理后的数据处于标准正态分布［N（0，1）］之中，从而有效消除指标数据之间的差异性，具体方法如下：

$$x_{ij}' \frac{x_{ij} - \overline{x_{ij}}}{S_{ij}}$$

（3）均值化法

叶宗裕认为当综合评价的指标值都是客观数值时，用均值化方法对进行正向变换后的指标，进行无量纲化的处理可以有效保留各指标之间的变异程度信息。具体方法为：

$$x_{ij}' \frac{x_{ij}}{x_j}，\overline{x_j} \text{为第 j 个指标的指标值平均数}$$

综上所述，可见，当评价对象 n＝2 时，前两种标准化方法只能分别得到数值为 0（1）的矩阵或数值为 a（－a）的矩阵，难以有效评估指标之间的变异程度信息，故本文在处理数据时选用了均值化法。

其次，对规范化决策矩阵进行归一化处理，目的在于将不同类型的数据统一到一致的数量范围内，避免因评价指标数值数量级相差过大引起的结果偏差，实质上就是各个评价指标个体值占各评价指标值总和的比重。具体公式为：

$p_{ij} = x_{ij}' / \sum_{j}^{2} x_{ij}'$，$j = 1，2，\cdots，8\cdots$，$p_{ij}$ 为评价指标个体值 x_{ij}' 占评

价指标 j 总值的比重

2. 评价指标权重的确定

本文首先使用熵权法和层次分析法分别计算出的权重，再通过最小信息熵原理对 2 个权重进行组合计算，综合考虑客观和主观 2 个方面，对马铃薯和小麦种植效益评价体系的指标权重进行确定。

（1）熵权法

根据信息论的基本原理可知，信息和熵两个概念，分别是对系统的有序程度和无序程度水平的一种度量单位。某项指标的信息熵值的大小与它可以提供的信息量的多少成反比，即熵值越小，则所能提供的信息量就越大。如果某项指标能够提供的信息量较大，显然它应该在综合评价中占据更加重要的位置，在计算过程中表现为，应赋予该指标较高的权重值。对第 j 个指标的熵权值进行计算：

$$w_{1j}=(1-e_j)/\sum_{j=1}^{6}(1-e_j),\ j=1,2,\cdots,8 \qquad (1)$$

其中，$e_j=-(\ln 2)-1\sum_{i}^{2}=1p_{ij}\ln p_{ij}$，$j=1,2,\cdots,8$；$p_{ij}=x_{ij}/\sum_{j=1}^{n}x_{ij}$，表示第 i 个评价对象的第 j 个评价指标值 x_{ij} 在第 j 个评价指标值总和中所占的比例。

（2）层次分析法

利用层次分析法（AHP）对马铃薯和小麦的效益评价指标进行主观赋权计算。首先，基于 AHP 法，对评价目标进行逐级分层，其次，根据不同层次的评价目标，通过对因素进行两两比较，分别构建目标层 A—准则层 B，准则层 B_i—指标层 X 的判断矩阵，确定准则层各指标的权重和各指标层的局部权重，并进行一致性检验；然后，结合 A—B 层次指标的权重，得出 B_i—X 层次所有的指标的总体权重，形成马铃薯和小麦效益评价的综合权重。

（3）最小相对信息熵法

通过组合赋权的方式，将由熵权法得到的各指标层指标的客观

权重 w_{1j} 与由 AHP 法得到的主观权重 w_{2j} 进行组合，获得各指标的最终权重值 w_j，然后将各指标层指标组合权重相加，得到各准则层指标的组合权重，公式如下：

$$w_j = \sqrt{(W_{1j}w_{2j})} / \sum_j^2 = 1\sqrt{(w_{1j}w_{2j})},\ j = 1,\ 2,\ \cdots,\ 8 \quad (2)$$

3. 综合评价值的计算

对马铃薯和小麦种植综合效益的评价，实质上是将指标组合权重分别与两个评价对象的指标规范化处理后的值进行加权运算，得出马铃薯和小麦的综合效益评价及各指标的评价值，数学公式表示为：

$$R_j = \sum_j w_j x_{ij},\ j = 1,\ 2,\ 3 \quad (3)$$

其中，w_j 为第 i 项对象的第 j 个指标规范化后的指标值，w_j 为第 j 项评价指标的权重值，R_j 为第 i 个评价对象的综合评价值。

二、营养效益评价方法

基于已有研究结果，本文选用营养素度量法对主粮化背景下马铃薯的营养效益进行评价。

综合看来，NP 模型的构建主要包括五部分核心内容。

一是适用范围的确定。主要包括适用人群、适用产品类型两方面。适用范围的不同对于后续指标、基准和模型的选择都有影响。

二是营养评价指标的选择，即选择所关注的、通过分析认为可以反映食物综合营养价值的营养成分，主要包括推荐性营养成分和限制性营养成分，前者是对评价结果产生正向影响的成分，通常包括蛋白质、矿物质和维生素等，后者是对评价结果产生负影响的营养成分，如脂肪、钠和糖等。

三是营养评价指标计算基准的选择。计算基准是指计算食物中作为评价对象的营养成分的量时的参考单位，一般为 1 份（serving）、100g（100ml）或 418.4kJ（100kcal）。其中，计量基准 1 份在使用前要进行严格设定，美国 FDA 设定食物“日常摄入量标准（Daily Values，DV）”，故美国 NP 系统采用份为计量单位。100g（100ml）为计算单位建立的营养素度量模型是通用模型，在不同国家广泛应用，但由于不同的食品和饮料消费的数量是不一样的，比如摄入量较少但能量密度较高的食物（如加糖饮料、坚果、干果和奶酪），以 100g 为单位计算饱和脂肪、添加的糖类和钠时，营养素模型结果数值会偏高。以 418.4 kJ（100 kcal）为计算单位能够体现最初的营养密度的概念（即营养素与能量的比值）。

四是摄入量标准的选择，即推荐营养素和限制营养素的评价标准量。通常使用本国官方推荐摄入量作为标准。

五是数学模型的构建。NP 系统的数学模型按照评价方法可以分为分类模型和连续模型，前者也称为简单阈值法，根据营养成分高（低）于推荐值来评价，针对同一类别的各种食品进行评价时可以选用，将选取的与推荐摄入量进行比较；后者也称为评分法，主要是对食物营养成分进行评分，对每种食物的得分进行计算并以此为根据进行分级。本文只涉及对固体主食类产品，故选择简单阈值法进行评价。

第四章　主粮化背景下马铃薯经济、生态和社会比较效益实证研究

综合分析不同区域资源禀赋、饮食文化、经济基础等特征，以华北地下水漏斗区、西北干旱区和南方冬闲田三大重点区域为依托，对马铃薯、小麦和玉米在经济效益、生态效益和社会效益三方面的综合效益值进行计算和比较分析，从而研判马铃薯主粮化的可行性。其中，南方冬闲田区域的发展重点在于增加马铃薯种植面积，华北平原和西北干旱区重点在于提高现有马铃薯的单产水平，并发展马铃薯节水替代小麦种植。

一、河北省衡水市：地下水漏斗区代表

综合考虑2015年和2016年河北省衡水地区调研情况以及相应年度的河北省统计结果，对马铃薯和小麦种植的成本情况、产出情况和经济效益情况进行了分析。通过对2个种植基地和当地种植大户的调研情况根据种植面积进行加权平均，得出2015年衡水市调研整体情况。

（一）基本情况

目前，在华北平原，由于该区域地下水一直处于超采状态，从而

形成了一系列深、浅层地下水位降落漏斗，其中，浅层地下水降落漏斗总影响面积 10 857.9 km^2，深层漏斗区影响面积共 13 010.3 km^2，共计 23 868.2 km^2，占华北平原总面积的 17%以上。不仅造成地下水资源匮乏，而且由此导致地面下沉等一系列地质环境问题，对该地区的地下水资源安全，进而对粮食安全造成威胁。而且，华北平原作为我国主要粮食主产区，小麦作为该区域主要农作物种植，其生长需水期与当地雨季时间相错，因此，该地区冬小麦生长过程中需要大量的灌溉用水，其用水量占该地区整个农业用水量的近 70%，且 64%的灌溉用水来源于地下水抽取。可见，该区域农业水分供需失衡的主要原因之一就是冬小麦在该区域的广泛种植，这将进一步加剧当地地下水资源的匮乏和地下水漏斗区的扩大。为解决华北平原水资源匮乏和冬小麦水分亏缺严重的问题，国内主要针对两方面展开研究，一是针对冬小麦的节水高效研究；二是对华北平原现有种植模式进行调整，大力发展节水作物。前者研究受冬小麦属于耗水作物属性限制，节水力度有限，而后者已有研究表明由冬小麦改种其他越冬作物可节约水资源 5%以上，远高于冬小麦节水高效种植的节水量。

河北省衡水市位于河北省东南部，年平均温度在 12.6℃左右，年均降水量约为 510mm，平均日照2 616.8小时，无霜期为 200 天左右。土壤大多为壤土、沙壤土。每年的 7—9 月是衡水市的雨季，小麦种植为冬小麦，全生育期为 10 月至翌年 5 月，共计 7 个月左右，且同期降水量少。河北省衡水市作为地下水漏斗区的示范基地，主要关注马铃薯种植的节水效益，而本身作为产业基地的示范力度比较弱。

河北省衡水市马铃薯种植示范基地主要包括，邓庄示范基地（位于桃城区邓庄镇）和清凉店示范基地（位于武邑县清凉店），示范基地马铃薯种植主要采用的集成技术包括高产优质品种、脱毒种薯、测土配方施肥技术、水分高效利用技术、机械化高效种植技术、“马铃薯+谷子”和“马铃薯+玉米”一年两作种植模式等，预期亩总灌水量小于80方/亩，马铃薯产量2 500kg/亩，综合效益高于传统“小麦+玉米”种植模式。

（二）描述性分析

1. 经济效益分析

由表4-1可知，从调研情况和统计情况来看，相较于小麦马铃薯具有较高的每公顷净利润和现金收益，从成本利润率看，马铃薯也优于小麦，在某些情况下，小麦的净利润甚至为负值。

表4-1 河北省马铃薯和小麦成本收益情况

Table 4-1 Costs and benefits of potato and wheat in Hebei

单位	2015年衡水市调研情况		2016年衡水市调研情况		2015年河北省统计情况	
	马铃薯	小麦	马铃薯	小麦	马铃薯	小麦
主产品产量（kg）	27 263.65	7 500.00	36 245.22	8 274.09	21 696.30	6 751.05
单价（元/kg）	1.44	2.20	1.03	2.34	1.19	2.41
产值合计（元/hm^2）	39 318.98	16 500.00	37 368.59	19 388.84	25 763.55	16 293.45
总成本（元/hm^2）	28 311.05	18 621.65	29 308.15	19 701.25	23 736.30	15 760.20
净利润（元/hm^2）	11 007.93	−2 121.65	8 060.43	−312.40	2 027.25	533.25
现金成本（元/hm^2）	23 385.66	9 935.70	29 308.15	13 931.76	11 680.35	7 319.55
现金收益（元/hm^2）	15 933.32	6 564.30	8 060.43	5 457.08	14 083.20	8 973.90
成本利润率	0.39	−0.11	0.28	−0.02	0.09	0.03

农户在对农作物的经济效益进行计算时，往往更关注于农作物的现金收益情况，而忽视了囊括自营地土地成本和家庭用工的人工成本在内的净利润，故本文认为，现金收益对于农户选择是否种植马铃薯影响力度更大。虽然种植公司和大户会对净利润有所关注，

但由于地租缴纳往往以十年为单位，他们也会重视种植的现金收益（图 4-1）。

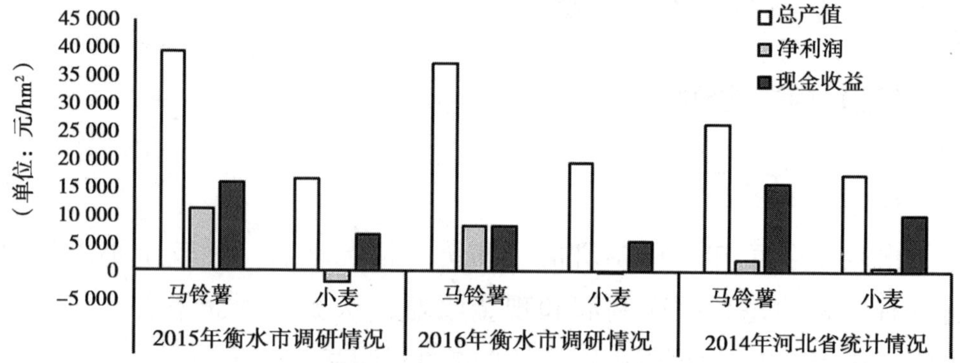

图 4-1　河北省马铃薯和小麦种植经济效益比较

Figure 4-1　Comparison of economic benefits of potato and wheat planting in Hebei

可见，两类数据来说，马铃薯均有较好的经济效益。相较于小麦，无论是农户种植还是公司大规模种植，马铃薯相较于小麦均具有较高的总产值和现金收益，这说明在日常种植过程中，得益于马铃薯种植的高现金收益，当地农户在选择种植农作物时也会倾向于马铃薯。

2. 生态效益分析

各基地马铃薯种植采用的水分高效利用技术包括覆膜技术、喷灌技术（或滴管技术）、水肥一体化技术等，小麦种植则主要采用水肥微喷的形式。通过对基地、种植企业和农户三类种植户的灌溉用水、用药、用肥等情况进行加权分析，各个生态效益指标，如表 4-2 所示。

表 4-2　河北省马铃薯和小麦生态效益情况

Table 4-2　Ecological benefits of potato and wheat in Hebei

每公顷用量	单位	2015 年衡水市调研情况		2016 年衡水市调研情况		2015 年河北省统计情况	
		马铃薯	小麦	马铃薯	小麦	马铃薯	小麦
灌溉量（排灌费）	mm（元/hm^2）	51.06	100.00	49.39	72.33	14.54	69.11
农药使用情况	（元）	418.83	300.00	461.41	341.49	136.50	228.75
化肥折纯量	（kg/hm^2）	699.31	840.00	712.50	404.25	430.65	453.60
有机肥使用情况	kg（元）/hm^2	1 235.71	466.35	6 953.80	3 160.62	2 206.80	353.25
农膜用量	（kg/hm^2）	无	无	1.00	无	21.30	0.00

整个生育期内，马铃薯的灌溉量仅为小麦的一半，结合当地有效降水情况，得到两者的耗水量，马铃薯耗水量也小于小麦。在统计情况方面，与小麦生产相比，马铃薯生产的排灌费仅为其 1/3，小麦灌溉用水量高于马铃薯。肥料使用方面，相较于河北省总体情况，调研数据马铃薯化肥施用量更高，有机肥使用量更低，但两类数据中，马铃薯的化肥施用量均低于小麦，有机肥施用量均高于小麦。主要使用的是 15：15：15 的复合肥。

农药使用情况方面，基地使用的农药主要为杀虫剂、杀菌剂和除草剂三类，由于当地马铃薯种植刚刚兴起，土传病害问题还不突出，因而对早疫病和晚疫病这两类的农药使用量很少，忽略不计。其中，农药使用量由于使用品种过于繁杂难以有效计量，如杀虫剂包括喜瑞、吡虫啉、甲维盐等，杀菌剂包括滑石粉、多菌灵、重茬地菌净、农用链霉素、春雷霉素、酒精等，难以有效统计用量，故用农药费用表示农药使用情况。

农膜方面，基地覆膜面积小，在加权平均中可忽略不计，故未纳入调研范围。通过河北省统计情况可见，河北地区马铃薯和小麦种植覆膜面积很小，并未造成生态影响。

3. 社会效益分析

主粮化背景下马铃薯替代种植对华北平原的社会效益还不突出，目前，主要体现在对粮食安全的保障作用方面，按照干物质折粮比5∶1，按照营养当量折粮比2.5∶1将马铃薯产量折合为粮食产量。可见，按照干物质进行折粮，马铃薯作为粮食产量小于小麦，按照营养当量折粮，则高于小麦（表4-3）。

表4-3　河北省马铃薯和小麦粮食产量

Table 4-3　Yield of potato and wheat in Hebei Province

折粮比例	单位	2015年衡水市粮食产量		2016年衡水市粮食产量		2015年河北省粮食产量	
		马铃薯	小麦	马铃薯	小麦	马铃薯	小麦
5∶01	(kg/hm^2)	5 452.73	7 500.00	7 249.04	8 274.09	4 339.26	6 751.05
2.5∶1	(kg/hm^2)	10 905.46	7 500.00	14 498.09	8 274.09	8 678.52	6 751.05

（三）评价指标选取

针对马铃薯主粮化项目在河北衡水地下水漏斗区进行替代种植的目的主要是在保障我国粮食供给安全前提下，降低水资源使用量，保护当地脆弱的生态环境，同时，对农民生活水平产生正向影响，在此基础上对第三章构建的评价指标进行选择（表4-4）。

表 4-4　河北省衡水市马铃薯和小麦种植综合评价指标

Table 4-4　Comprehensive evaluation index of potato and wheat planting in Hengshui, Hebei

目标层	准则层	指标层
衡水市马铃薯、小麦种植综合效益（A）	经济效益（B_1）	现金收益（元/hm^2），X_1
		成本利润率，X_2
	生态效益（B_1）	灌溉量（mm），X_3
		化肥施用量，X_4
		施肥结构，X_5
		农药投入情况，X_6
	社会效益（B_3）	单位面积粮食产量（kg/hm^2），X_7
		劳动力投入（元/hm^2），X_8
		农业劳动生产率（元/个），X_9

（四）结果分析

分别以河北省衡水市漏斗区马铃薯种植示范区域提供的马铃薯种植相关数据以及河北省农村统计年鉴中提供的小麦种植数据为基础，对马铃薯和小麦在9个方面的评价指标指标值进行计算（表4-5），并进行权重计算（表4-6），最后，根据组合评价指标权重和马铃薯和小麦的效益评价指标的规范化值，对两者的评价指标效益值进行计算（表4-7、表4-8）。综合效益值、准则层和指标层的效益评价指数均为效益型指标，故指标数值越大表明效益水平越高（图4-2）。

表 4-5 马铃薯和小麦综合效益评价指标值表

Table 4-5 Evaluation index of comprehensive benefit of potato and wheat

		X_1	X_2	X_3	X_4	X_5	X_6	X_7	X_8	X_9
2015 年	马铃薯	15 933. 32	0. 59	114. 88	699. 31	0. 73	418. 83	5 452. 73	66. 67	589. 79
	小麦	6 564. 3	0. 6	225	840	0. 47	300	7 500	79	208. 86
2016 年	马铃薯	8 060. 43	0. 28	49. 39	712. 50	0. 83	461. 41	7 249. 04	20. 87	1 790. 58
	小麦	5 457. 08	-0. 02	72. 33	404. 25	0. 83	341. 49	8 274. 09	48. 58	399. 09

数据来源：衡水市马铃薯主粮化示范基地，《河北省农村统计年鉴 2015》

表 4-6 马铃薯和小麦种植综合效益评价指标组合权重表

Table 4-6 Combined weights of evaluation indexes of potato and wheat in Hebei Province

指标层次	评价指标	权重				
		熵权法		层次分析法	组合赋权法	
		2015 年	2016 年		2015 年	2016 年
准则层	B_1	0. 623	0. 381	0. 623	0. 461	0. 504
	B_2	0. 239	0. 613	0. 239	0. 355	0. 283
	B_3	0. 137	0. 309	0. 137	0. 183	0. 213
指标层	X_1	0. 102	0. 078	0. 519	0. 364	0. 269
	X_2	0. 206	0. 303	0. 104	0. 098	0. 235
	X_3	0. 102	0. 078	0. 340	0. 228	0. 121
	X_4	0. 096	0. 084	0. 167	0. 045	0. 088
	X_5	0. 104	0. 072	0. 038	0. 049	0. 039
	X_6	0. 097	0. 076	0. 030	0. 034	0. 035
	X_7	0. 097	0. 073	0. 055	0. 044	0. 054
	X_8	0. 094	0. 098	0. 155	0. 040	0. 105
	X_9	0. 102	0. 138	0. 029	0. 099	0. 054

表 4-7　2015 年河北省综合效益评价结果

Table 4-7　Comprehensive benefit evaluation results of Hebei Province in 2015

综合效益值		准则层效益值			指标层效益值		
马铃薯	小麦		马铃薯	小麦		马铃薯	小麦
3.906	1.987	经济效益	1.472	0.225	现金收益	0.282	0.147
					成本利润率	0.453	-0.032
		生态效益	1.715	1.251	灌溉量	0.167	0.085
					化肥施用量	0.069	0.050
					施肥结构	0.185	0.089
					农药费	0.038	0.058
		社会效益	0.719	0.511	单位面积粮食产量	0.070	0.048
					劳动力投入	0.045	0.045
					农业劳动生产率	0.133	0.069

表 4-8　2016 年河北省综合效益评价结果

Table 4-8　Comprehensive benefit evaluation results of Hebei Province in 2016

综合效益值		准则层效益值			指标层效益值		
马铃薯	小麦		马铃薯	小麦		马铃薯	小麦
1.382	0.618	经济效益	2.269	0.754	现金收益	0.320	0.217
					成本利润率	0.499	-0.029
		生态效益	0.992	1.271	灌溉量	0.144	0.098
					化肥施用量	0.064	0.112
					施肥结构	0.039	0.039
					农药费	0.030	0.041
		社会效益	0.647	0.206	单位面积粮食产量	0.051	0.058
					劳动力投入	0.147	0.063
					农业劳动生产率	0.089	0.020

在以衡水市为代表的地下水漏斗区推行马铃薯主粮化主要在于对高耗水作物小麦进行替代种植，缓解日益严重的地下水资源匮乏的问题。由图 4-2 可以看出，在 2015—2016 年共计 18 个指标中，大部分评价指标值都表现出，马铃薯优于小麦。

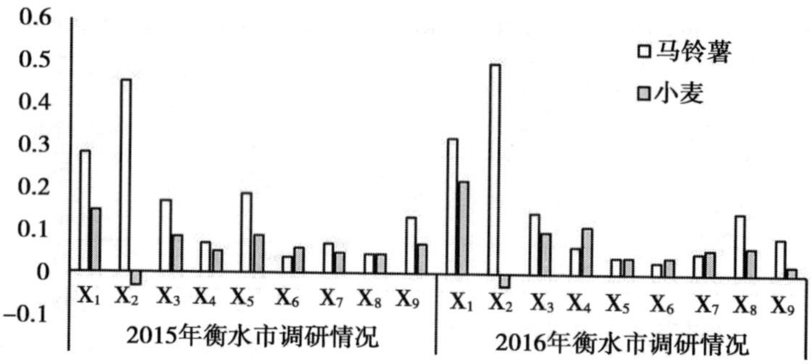

图 4-2 2015—2016 年马铃薯小麦指标层效益值比较

Figure 4-2 Comparison of the efficiency index of potato wheat in 2015—2016

1. 综合分析

由 2015 年和 2016 年的综合效益评价结果（表 4-7 和表 4-8）来看，在河北省漏斗区，相较于种植小麦，种植马铃薯是更好的选择。具体来说，2015 年和 2016 年，马铃薯种植的综合效益值约为小麦的 2 倍，在经济、生态和社会效益方面，2015 年评价结果显示，马铃薯种植的综合效益评价指标值分别是小麦的 6.5 倍、1.4 倍和 1.4 倍，2016 年评价结果显示，这一倍数分别为 3.0 倍、0.8 倍和 3.1 倍，2016 年马铃薯种植生态效益表现劣于小麦，主要是由于 2016 年马铃薯化肥使用量过高。

2. 经济效益评价

在经济效益方面，2015 年和 2016 年马铃薯效益值高于小麦，前者是后者的 1.5 倍，其优势主要表现在成本利润率方面，在现金收益这一指标上，马铃薯与小麦相差不大，究其原因，与马铃薯和小麦调研对象略有不同有关。2 年中，马铃薯种植调研对象多为种植企业和大户，大部分土地来自土地流转，而小麦调研对象多为当地农户，他们的种植用地多为自家土地，这就造成了马铃薯和小麦种植现金收益相差不多，但成本利润率相差较大的情况。

在现金收益指标方面，两年平均来看，马铃薯效益值约为小麦的1.6倍。衡水市示范基地在2015年主要种植品种为荷兰15和大西洋，种植情况如表4-9所示。可见，大西洋的产值远低于荷兰15，只有后者的1/2，极大地拉低了示范基地马铃薯种植经济效益的平均值，而其低产值主要源于自身的低产量，只有荷兰15产量的2/3。同时，由于2015年气温前期低后期高，降水量前期高后期低，影响薯块的生长和后期膨大，本年度马铃薯产量较往年产量整体偏低。而2016年情况与2015年略有不同，马铃薯产量恢复往年水平，但马铃薯售价却有所下降。在现有种植技术水平下，如果对马铃薯种植品种进行合理配置，并适当提前马铃薯的上市时间，在气候条件适宜的情况下，预期马铃薯种植较小麦有更高的经济效益。

表4-9　河北地区马铃薯产量（分品种）

Table 4-9　Potato yield in Hebei region (varieties)

		单产（kg/hm²）	单价（元/kg）	产值（元/hm²）
2015年	荷兰15	33 013.01	1.2	52 820.81
	大西洋	21 514.29	1.6	25 817.14
	河北省统计数据	21 696.3	1.19	25 763.55
2016年	费乌瑞它	37 780	0.96	38 125
	希森3号	33 322.5	0.96	31 987.5
	大西洋	33 600	1.3	43 680

在成本成本利润率这一指标上，马铃薯指标值为正，而小麦为负，这两者间的巨大差异，一方面是由于马铃薯的产值高，是小麦产值的近2倍；另一方面，小麦种植周期较长，折合的土地成本较高，造成小麦种植成本较高。由2015年和2016年调研情况可知，当地土地租用成本为15 000元/hm²，按照马铃薯和小麦各自的种植周期进行土地成本计算，分别为5 000元/hm²和8 750元/hm²（表4-

10），占各自总成本的1/6和1/9。

表4-10 河北省马铃薯和小麦的成本表

Table 4-10 Hebei potato and wheat cost table

单位	2015年衡水市调研情况		2016年衡水市调研情况		2015年河北省统计情况	
	马铃薯	小麦	马铃薯	小麦	马铃薯	小麦
产值合计（元/hm^2）	39 318.98	16 500.00	37 368.59	19 388.84	26 558.25	17 380.80
总成本（元/hm^2）	28 311.05	18 621.65	29 308.15	19 701.25	22 699.65	15 354.90
生产成本（元/hm^2）	23 311.05	9 871.65	24 308.15	10 951.25	20 093.55	12 786.15
物质与服务费用（元/hm^2）	21 061.05	8 071.65	18 047.28	7 064.61	10 643.25	7 093.50
人工成本（元/hm^2）	2 250.00	1 800.00	6 260.87	3 886.64	9 450.30	5 692.65
家庭用工折价（元/hm^2）	0.00	0.00	0.00	2 047.73	9 450.30	5 692.65
雇工费用（元/hm^2）	2 250.00	1 800.00	6 260.87	1 838.90	0.00	0.00
土地成本（元/hm^2）	5 000.00	8 750.00	5 000.00	8 750.00	2 606.10	2 568.75
流转地租金（元/hm^2）	0	0	5 000.00	5 028.25	0	0
自营地折租（元/hm^2）	0	0	0.00	3 721.75	0	0
净利润	11 007.93	−2 121.65	8 060.43	−312.40	3 858.60	2 025.90

3. 生态效益评价

在生态效益方面，综合2年效益值，相较于小麦，马铃薯在耗水量上优势较为明显，农药使用情况上的效益值则弱于小麦。

在华北漏斗区，马铃薯和小麦的亩均耗水量分别为189.27m^3和303.40m^3，马铃薯比小麦亩均节水116.13m^3。据估算，2020年华北地下水漏斗区马铃薯雨养种植面积将新增200万亩，则可节省水资源2.32亿m^3，2025年将新增1 000万亩，可节省11.61亿m^3，总计可节省13.93亿m^3，相当于华北平原现有60亿缺水量的23.22%，将有效缓解目前华北平原地下水位降落漏斗以及由此引发的地面沉降和地面塌陷等一系列生态地质环境问题。

4. 社会效益评价

马铃薯主粮化在河北衡水所带来的社会效益，一是保障粮食供给；二是提高农民生活质量。

在粮食保障供给的衡量指标——单位面积粮食产量方面，示范基地的马铃薯效益值低于较小麦，这主要是由于按干物质计算，马铃薯折粮比为 5 : 1，并且 2015 年度马铃薯种植产量较往年偏低。2012 年度河北衡水地区马铃薯平均产量达到了 8 781kg /hm^2，是本年度马铃薯、小麦单产的 1.6 倍、1.3 倍，排除天气等特殊因素的干扰，相较于小麦，马铃薯种植拥有更高的单位面积产量指标效益值。同时，据估算，在华北地下水漏斗区进行马铃薯替代小麦种植后，我国粮食总产量将增加 96 万吨。

在提高农民生活质量上，从农业劳动生产率和劳动投入两个指标来看，相较于小麦，马铃薯均有更高的指标效益值。前者是每个劳动单位所能获得经济收益的直接体现，综合 2015 年和 2016 两年结果来看，马铃薯此项指标的指标值略高优于小麦。在我国农业种植过程中，用工来源包括农户家庭和周边农户雇工两部分，马铃薯农业该指标的高效益值说明，相较于小麦种植，马铃薯种植能够带给种植户和周边农户更高的经济效益，能更好地提高农户整体生活水平。后者则从农作物种植用工单位多少的角度对社会效益进行评价，马铃薯该项指标的效益值略高于小麦，说明在衡水地区，种植马铃薯单位面积需要投入的劳动单位更少。但事实上，小麦生产耕、种、收机械化水平达 90% 以上，而马铃薯种植机械化种植水平并不高：2013 年河北地区小麦种植的每亩外雇机械作业费为 132.11 元，而马铃薯只有 34.29 元，假设机械雇佣单价相同，小麦机械化程度是马铃薯的四倍多。这说明相较于小麦，马铃薯在该方面的高效益值主要源于由其种植步骤更简便导致的用工需求量的减少，马铃薯种植步骤的低烦琐性对农民选择马铃薯种植有一定的刺激作用，也能够将更多的农民从第一产业释放出来，投入高经济效益更高的第二、第三产业中去，对农民生活水平的提高产生促进作用。

二、甘肃省定西市：西北干旱区代表

针对马铃薯主粮化在西北干旱区的推行，选取甘肃省定西市作为调研点，对定西灌溉马铃薯、旱地覆膜马铃薯、旱地露天马铃薯，旱地露天玉米、旱地覆膜玉米以及旱地小麦的种植情况进行了调研。为保证比较分析的科学性，分别对旱地覆膜和露天马铃薯和小麦的调研数据按照种植面积加权平均作为旱地马铃薯和小麦的种植情况，与旱地玉米种植情况进行比较分析。

（一）基本情况

1. 西北干旱区社会经济贫困

西北地区作为我国平均居民可支配收入较低的地区，当地农民生活水平较低，许多区域以马铃薯为主要食物来源。迫切需要找到一种途径帮助当地农民脱贫，而受西北干旱区气候和地理条件所限，当地可种植经济作物种类有限，由于植被覆盖率低，畜牧业发展也受限制。

2. 西北干旱区生态环境脆弱

西北干旱区在我国属于生态环境脆弱地带，主要表现在 3 个方面。一是西北干旱区土地退化严重，部分土地出现荒漠化、盐渍化和贫瘠化，土地耐受力小，生态环境较为脆弱。二是当地水资源匮乏，受当地气候和地理条件所限，西北旱区年降水量少，区内河流径流量小，加之当地存在耕地过度开采情况，灌溉需水量变大，共同导致了当地灌溉用水缺口大，地下水开采过度，用水需求远高于当地可承载能力。三是当地化肥、农药和农膜滥用，对当地环境造成污染由于当地土地贫瘠、水资源匮乏，农民为了提高自身经济收益，盲目滥用化肥、农药等生产资料，给生态环境造成很大负担，另外，西北旱区农膜使用情况较为普遍，大部分耕地都有农膜覆盖，但是农膜回收率过低，不足40%~60%，且受成本所限，大部分农膜自我分解能力较差，这就造成了“白色污染”。

3. 定西市是全国马铃薯优势产区

甘肃省是我国马铃薯的主要产地和消费地区，马铃薯产业发展较为成熟，当地居民对马铃薯产品接受度较高，具有一定的产业基础和消费基础。玉米、小麦和马铃薯是甘肃省的主要种植作物，其种植面积和总产量在甘肃省均位列前三位。但在单产方面，相较于玉米和小麦，马铃薯5：1折粮后单产（5：1折粮后）虽然仍处于较低水平，不仅低于省内小麦和玉米（表4-11），在全国范围内也处于较低水平，但其处于不断增长之中，且增长率逐年提高，发展很快。2014年，全国平均单产为3 427.60 kg/hm^2，甘肃省为3 427.13427.60 kg/hm^2，略低于平均水平，在全国内位居第十五位，只有第一位的吉林省的8 341.8的41.1%。

从马铃薯种植业方面来看，近20年中，马铃薯种植面积和产量一直处于不断上升之中，同时，它在甘肃省粮食总播种面积和总产量中所占比重也在不断上升之中。据国家统计局统计数据显示，2015年，甘肃省马铃薯种植面积和产量居于全国第二位，仅低于四川省。马铃薯播种面积为716千hm^2，占省内粮食播种面积的25%，其中，脱毒种薯的推广面积为639.27千hm^2，覆盖率高达89%，鲜薯产量为1 415万t，按5：1折粮后产量为283万t，占省内粮食总产量的24%。

从加工业来看，甘肃省马铃薯加工量大、加工用量占总产比例高，产品产值高。由表 4-11 可知，2008 年甘肃省马铃薯加工比例高达 40%，而我国平均马铃薯加工比例只有该数值的 1/5。

表 4-11 甘肃省马铃薯加工情况

Table 4-11 Potato processing in Gansu

	2004 年	2005 年	2006 年	2007 年	2008 年
加工量（万 t）	120	110	120	130	130
加工量占总产比例	24.0	23.7	26.7	25.9	40.0
加工品产值	7.08	9.0	9.3	9.80	8.32

综上所述，在我国马铃薯产业中，甘肃省优势明显。而在甘肃省，种植面积最大的市州为定西市，其管辖下的安定区是甘肃省内唯一的播种面积在 100 万亩以上的县区。定西市马铃薯产业在甘肃省和全国范围内比较优势均较为明显。

定西市（34°26′~35°35′N，103°52′~105°12′E）位于甘肃省东南部，属温凉半湿润气候区，海拔 1 640~3 941m。年均气温 5.7~7.7℃，全年降水量为 400~600mm，且主要集中在 7 月、8 月、9 月 3 个月，占全年降水量的 53%以上，与当地马铃薯的块茎膨胀期基本吻合。特殊的气候条件正适合种植马铃薯，不仅对产量、干物质和营养成分的增加有促进作用，干旱的气候对病害起到抑制作用，晚疫病等的发病率远远低于多雨水地区。

（二）描述性分析

旱地马铃薯、玉米和小麦主要由广大农户种植，投入农户的自己的体力和畜力无法统计计入。定西市灌溉马铃薯主要由马铃薯企业全程机械化种植，另外，平均每亩地花费 6 个雇佣工约 480 元。

1. 经济效益分析

旱地种植马铃薯、玉米和小麦由广大农户种植，故总成本不存在雇工费用和流转地折租，相应的家庭用工折价和自营地折租以甘肃省 2015 年平均水平为准（表 4-12、图 4-3）。

表 4-12　定西市马铃薯成本情况

Table 4-12　Costs and benefits of potato in Dingxi

单位	2015 年定西市调研情况			2016 年定西市调研情况			2015 年甘肃省统计情况		
	马铃薯	小麦	玉米	马铃薯	小麦	玉米	马铃薯	小麦	玉米
产品产量（kg）	22 428.75	3 818.20	8 131.05	43 250.00	5 737.50	7 941.25	27 163.35	4 679.85	9 487.35
单价（元/kg）	1.10	2.20	2.10	1.20	2.30	2.80	1.09	2.22	2.00
产值合计（元/hm^2）	26 914.50	7 636.40	15 449.00	52 150.00	13 227.50	21 982.50	29 508.60	10 383.00	18 988.50
总成本（元/hm^2）	26 358.22	13 690.56	22 866.85	29 930.00	23 022.50	21 925.00	27 934.50	17 402.70	28 100.25
净利润（元/hm^2）	556.28	-6 054.16	-7 417.85	22 220.00	-9 795.00	57.50	1 574.10	-7 036.20	-9 111.75
现金成本（元/hm^2）	10 723.95	4 231.15	6 528.35	21 970.00	10 242.50	11 553.00	11 416.95	6 482.55	8 857.20
现金收益（元/hm^2）	14 067.68	4 483.89	10 854.86	30 180.00	2 985.00	10 429.50	18 091.65	3 883.95	10 131.45
成本成本利润率	2.11	-44.22	-32.44	74.24	-42.55	0.26	0.06	-0.40	-0.32
投入产出比	0.40	0.55	0.42	0.42	0.77	0.53	0.39	0.62	0.47

可见，两类数据来说，马铃薯均有较好的经济效益。相较于小麦和玉米，无论是农户种植还是公司大规模种植，马铃薯相较于小麦均具有较高的总产值和现金收益。值得注意的是，在 2015 年对定西市种植情况进行调研的过程中，并未将以上 3 种农作物的灌溉种植情况纳入调研范围，故 2015 年调研结果显示，马铃薯、玉米和小麦的产量均低于甘肃省平均水平，分别为平均水平的 81%、88% 和 79%，预估马铃薯种植相较于玉米和小麦有更高的经济效益，同时，也会有更高的粮食安全贡献能力。

2. 生态效益分析

整个生育期内，马铃薯的灌溉用水量和灌溉量均远小于玉米和小麦，仅为前者的约 1/5，为后者的 1/3。农药使用情况方面，两类

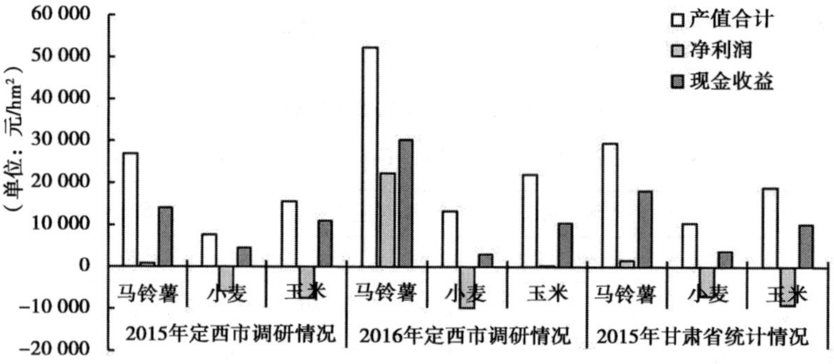

图 4-3　2015—2016 年马铃薯、小麦和玉米指标层效益值比较

Figure 4-3　Comparison of potato, wheat and corn indicators of the level of benefit in 2015-2016

数据均表明马铃薯种植拥有更多的农药投入。肥料使用方面，相较于甘肃省平均情况，定西市在 3 种农作物种植上化肥消耗量较少，两类数据均表现为玉米>马铃薯>小麦，小麦的化肥施用量最少，但马铃薯的有机肥施用量远高于玉米和小麦。在农药方面，马铃薯种植消耗更多农药。农膜方面，玉米农膜用量远高于马铃薯，当地小麦种植不覆膜（表 4-13）。

表 4-13　定西市马铃薯生态效益情况

Table 4-13　Ecological benefits of potato in Dingxi

每公顷用	单位	2015 年定西市调研情况			2016 年定西市调研情况			2015 年甘肃省统计情况		
		马铃薯	小麦	玉米	马铃薯	小麦	玉米	马铃薯	小麦	玉米
灌溉情况	mm（元）	53.3	170.5	244.3	46.4	157.7	202	无	无	无
化肥折纯量	（kg）	178.8	147.56	215.1	250.8	250.8	240.9	462.6	350.55	466.05
有机肥使用情况	kg（元）	1 500	800	1 300	1 600	760	1 280	1 089.9	216.3	704.1
农药使用情况	（元）	260	203	182	557	300	375	126.15	158.85	120.15
农膜用量	（kg）	29.2	0	71.5	75	75	112.5	42.3	0	74.4

3. 社会效益分析

在粮食安全保障方面，分别按照干物质折粮比（5：1）和营养当量折粮比（2.5：1）对马铃薯进行折粮，按照前者折粮后，马铃薯作为粮食产量高于小麦，低于玉米；按照营养当量折粮后，粮食产量高于小麦和玉米（图 4-4）。

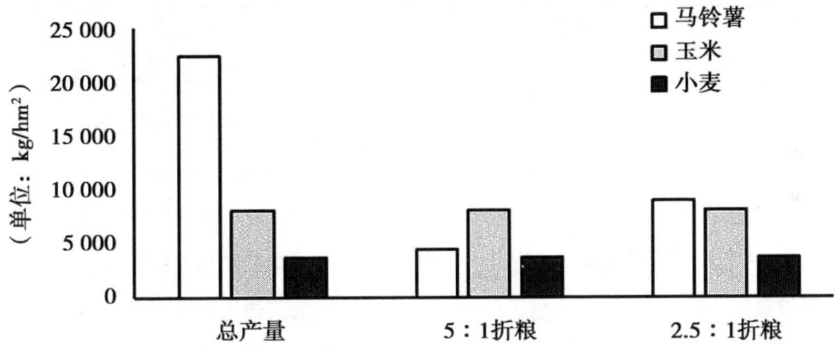

图 4-4 2015 年定西市粮食产量情况

Figure 4-4 Grain production in DingXi in 2015

马铃薯产业是定西市的支柱性产业，在该区域推行主粮化战略，从种植、加工到销售全面拉动马铃薯产业发展，必将会进一步提高居民收入水平。

（三）评价指标选取

以定西市为西北干旱地区为代表，以当地主要粮食作物为对象，对主粮化在西北干旱区开展的经济、生态和社会效益进行分析。西北干旱地区，由于塑料薄膜的广泛使用，农用塑料薄膜污染严重，故引入农用薄膜使用量作为评价生态效益的指标层指标。此外，甘肃省定西市不仅是主粮化在西北干旱地区的代表，还是马铃薯优势产业区，马铃薯产业是当地的支柱型产业，因而，在社会效益评价时引入了产业对 GDP 贡献率这一指标来评价该地区马铃薯产业的产业化程度，人均纯收入贡献率来衡量马铃薯产业发展对农户生活产生的正向影响（表 4-14）。

表 4-14 定西市马铃薯、玉米和小麦种植综合效益评价指标

Table 4-14 Comprehensive evaluation index of potato, corn and wheat planting in Dingxi

目标层	准则层	指标层
定西市马铃薯、玉米和小麦种植综合效益（A）	经济效益（B_1）	现金收益（元/ hm^2），X_1
		成本成本利润率，X_2
	生态效益（B_2）	灌溉量（mm/hm^2），X_3
		化肥施用量（折纯），X_4
		施肥结构（%），X_5
		农药使用情况（元），X_6
		农用薄膜使用量（t/hm^2），X_7
	社会效益（B_3）	单位面积粮食产量（kg/hm^2），X_8
		劳动力投入（个/hm^2），X_9
		农业劳动生产率（元/个），X_{10}
		人均纯收入占比（%），X_{11}
		产业占当地 GDP 比重（%），X_{12}

（四）结果分析

通过比较甘肃主要 3 种农作物的种植效益，马铃薯具有更高的效益，通过对定西市旱地马铃薯和旱地玉米、小麦的种植情况进行调研。以旱地露天马铃薯种植为例，效益评价结果，如表 4-15、表 4-16 所示。

表 4-15　2015 年甘肃省定西市马铃薯、玉米和小麦综合效益评价值表

Table 4-15　Comprehensive evaluation of potato, corn and wheat in Dingxi in 2015

综合效益值			准则层效益值				指标层效益值			
马铃薯	小麦	玉米		马铃薯	小麦	玉米		马铃薯	小麦	玉米
5.041	3.133	2.605	经济效益 B_1	2.236	0.279	0.613	X_1	0.304	0.101	0.236
							X_2	0.883	0.019	0.022
			生态效益 B_2	1.650	2.211	1.162	X_3	0.239	0.077	0.055
							X_4	0.013	0.015	0.011
							X_5	0.003	0.003	0.003
							X_6	0.010	0.012	0.013
							X_7	0.023	0.515	0.013
			社会效益 B_3	1.155	0.643	0.830	X_8	0.040	0.035	0.072
							X_9	0.015	0.012	0.021
							X_{10}	0.084	0.020	0.067
							X_{11}	0.048	0.029	0.010
							X_{12}	0.040	0.021	0.011

表 4-16　2016 年甘肃省定西市马铃薯、玉米和小麦综合效益评价值表

Table 4-16　Comprehensive evaluation of potato, corn and wheat in Dingxi in 2016

综合效益值			准则层效益值				指标层效益值			
马铃薯	小麦	玉米		马铃薯	小麦	玉米		马铃薯	小麦	玉米
5.391	1.670	1.903	经济效益 B_1	3.397	0.138	0.488	X_1	0.765	0.076	0.264
							X_2	0.903	0.000	0.003
			生态效益 B_2	1.181	0.972	0.846	X_3	0.237	0.070	0.054
							X_4	0.022	0.022	0.023
							X_5	0.006	0.005	0.006
							X_6	0.013	0.025	0.020
							X_7	0.037	0.037	0.022
			社会效益 B_3	0.813	0.559	0.569	X_8	0.031	0.020	0.028
							X_9	0.018	0.030	0.016
							X_{10}	0.088	0.038	0.033
							X_{11}	0.023	0.013	0.013
							X_{12}	0.015	0.008	0.014

由综合效益值来看，2015—2016 年 2 年中，定西市马铃薯种植的综合效益值均高于同时期玉米和小麦的综合效益值。在准则层指标方面，除 2015 年玉米的生态效益高于马铃薯，在 2015—2016 年其他指标方面，马铃薯效益值均高于同于玉米和小麦。

在经济效益方面，种植马铃薯的经济效益远高于同期小麦和玉米种植，其经济效益评价值是其他两种农作物的数十倍，经济效益方面优势显著。无论是直接关系农民是否愿意种植的现金收益，还是包含家庭用工折价和自营地折租在内的成本利润率，马铃薯的指标值都高于小麦和玉米。尤其是对于成本利润率指标，马铃薯的指标值远远高于同期小麦和玉米差距主要表现在净利润上。2 项指标层指标值相差如此之多一是由于马铃薯生长期较短，所以，相同土地年租金下，马铃薯种植的土地成本较低；二是，马铃薯产业是当地优势产业，为配合产业发展，有许多种植企业在当地进行马铃薯规模化种植，流转土地面积增加，这大大增加了马铃薯种植的现金成本（表 4-17），拉大了净利润与现金收益的差距。

表 4-17　定西市土地成本情况

Table 4-17　Costs of land in Dingxi

单位	2016 调研情况			2015 统计情况		
	马铃薯	小麦	玉米	马铃薯	小麦	玉米
土地成本（元/hm^2）	3 108.9	2 152.2	2 969.55	4 000	9 000	4 000
流转地租金（元/hm^2）	10.05	0	0	2 400	0	2 000
自营地折租（元/hm^2）	3 098.85	2 152.2	2 969.55	1 600	9 000	2 000

在生态效益方面，在 2015 年和 2016 年，马铃薯、小麦和玉米的生态效益值呈现出不同的大小关系，2015 年，小麦> 马铃薯>玉米；2016 年，马铃薯> 玉米> 小麦，考虑 2 年调研情况，马铃薯在第一年位居第二位，在第二年位居第一位，综合看来，相较于小麦和玉米，

马铃薯具有更高的生态效益。结合指标层指标来看，2015 年调研数据显示，定西市小麦种植不使用农用薄膜，该项指标值为 0.515，远高于同期马铃薯和玉米的值，对小麦生态效益值贡献率最高，其次是农药施用情况，该项指标略高于马铃薯和玉米，2016 年调研情况显示，定西市仍有部分地区在小麦种植过程中使用农用薄膜，但使用区域较少。马铃薯则和化肥使用结构上表现较好，尤其是在节水效益上，分别是小麦和玉米效益值的 3 倍多和 4 倍多。综合看来，在以定西市为代表的西北干旱区，相较于玉米和小麦，马铃薯具有更高的水资源利用效率，也更节水，农家肥施用比例更高，能优化土壤结构，但为保障马铃薯产量，该地区农药、化肥和农膜使用量较高，对生态效益产生负向影响。

在社会效益方面，小麦和玉米效益值相近，两者均小于马铃薯，后者约为前 2 种农作物的 1.3 倍。在保障粮食供给的单位面积粮食产量指标值上，2 年数据略有差异，主要表现为 2015 年玉米的高产量和马铃薯的低产量，使之呈现出玉米>马铃薯>小麦的大小关系。这与其 5：1 的较高折粮比有关。从农民用工方面，在劳动力投入和劳动生产率两个指标上，马铃薯分别是玉米的 0.8 倍和 1.3 倍，分别是小麦的 5.8 倍和 7.5 倍，这说明虽然单位用工种植马铃薯时能创造更多的产值，但马铃薯比玉米更为费工。在衡量产业对人民生活的贡献方面，人均纯收入占比、产值占 GDP 比重 2 个指标上，马铃薯表现均优于玉米和小麦，这说明，在定西市发展马铃薯产业能给农民带来更高收入，对本市经济水平的提高也有促进作用。

总而言之，在甘肃省推广马铃薯种植，可以在很大程度上提高当地农户的经济收入，无论是农户自己种植，还是种植企业大规模种植，但是目前定西市马铃薯种植大户种植马铃薯存在着化肥和农药过量使用的问题，另外，受当地环境影响，马铃薯种植过程中会使用大量农用薄膜。这些农用薄膜成本低、自我分解能力差，且当地回收率低，造成了较为严重的白色污染。

三、广西壮族自治区南宁市：南方冬闲田有效利用区代表

我国南方主要种植作物为水稻，受水稻种植特性影响，我国南方在冬季存在大量闲置耕地，造成土地资源闲置浪费，这部分土地面积有1亿亩左右。在对南方马铃薯种植的综合效益进行评价时，应注意到，不同于华北平原漏斗区和西北干旱区，通过增加马铃薯种植面积，减少耗水量高、经济效益低、国家储备量过剩的主粮作物的种植面积，因而，在对冬闲田马铃薯种植的综合效益进行评价时，不存在与其他主粮作物替代种植的问题。在现阶段，广西的马铃薯种植主要包括两部分：一是利用冬闲田进行马铃薯净种；二是进行马铃薯与火龙果等果树的套种。

（一）基本情况

受气候和地理条件所限，我国南方地区的主要种植作物为水稻，南方居民也多以稻米为主食，从而在南方在冬季会存在大量冬季闲田，尤其是水稻冬闲田，可以充分利用水稻种植过程中积累的腐殖质，而收获马铃薯后，通过将马铃薯茎叶还田，也会对耕地起到保护作用。

近年来，随着城市化进程的加快，工业用地和建筑用地不断增减，逐渐侵占种植用地，我国耕地总面积和人均耕地面积都处于不断减少之中，北方存在水资源匮乏问题等原因，北方粮食产量增长空间有限，而由于二胎政策开放，我国面临人口增长的可能性，对粮食需求量也有快速增长的可能，加重了人们对粮食安全的重视程

度增加。而目前，北方地区粮食增长潜力有限，这对南方地区的粮食产量和耕地利用效率有了更高的要求。

由于季节性干旱等原因，南方冬季存在大量闲置田地，且绝大部分为稻田，而马铃薯作为有较高水分利用率的耐旱型、菜粮兼用型农作物，生育期为当年10月、11月至翌年2月、3月，能够很好地利用冬季闲置田地，提高耕地利用率。近年来，南方地区马铃薯的播种面积和产量逐年提高，且多为冬闲田利用，如2013年广东省马铃薯种植面积共70万亩，冬种马铃薯占了75%。

以广西壮族自治区为代表，对南方冬作区马铃薯种植和成本收益情况进行了调研，并根据全国成本收益调查数据对空缺数据进行了补充。

（二）描述性分析

在2015—2016年3年对广西地区马铃薯净种情况进行了调研，主要调研区域包括坛洛和玉林地区的人工种植和小型机械种植。

1. 经济效益分析

南方冬季气温高于北方，且湿润多雨，马铃薯在南方冬作区于第一年秋季种植，于翌年2—4月收获上市，此段时间正处于鲜薯市场短缺时期，北方前一季收获储藏的马铃薯基本已经销售完全，而后一季鲜薯还未上市，并且，马铃薯种植规模比较小，当前技术水平下，单产水平较北方也比较低，马铃薯的总上市量较少，鲜薯产品在此段时间处于供不应求的状态，价格也比较高。综合我国马铃薯种植区域来看，南方冬作区的马铃薯经济收益较高，并已经逐渐成为南方农民增加收入、摆脱贫困的重要产业。

通过对广西壮族自治区冬季净种马铃薯情况进行调研，可以看出，相较于河北省衡水市和甘肃省定西市等北方城市的马铃薯成本收益情况，虽然广西壮族自治区冬天种植马铃薯单产水平略低于甘肃省定西市，但是马铃薯单价为 2.88 元/kg，远远高于其他 2 个调研地区，大大提高了冬作区马铃薯种植户的收入水平（表 4-18）。

表 4-18　2016 年马铃薯成本收益情况

Table 4-18　Costs and benefit of 3 provinces (autonomous regions) in 2016

	单位	广西	河北	甘肃
产量	(kg)	38 900	36 245.22	43 250.00
单价	(元/kg)	2.88	1.03	1.2
产值	(元/hm^2)	112 032	37 368.59	52 150.00
现金成本	(元/hm^2)	51 502.5	29 308.15	21 970.00
现金收益	(元/hm^2)	60 529.5	8 060.43	30 180.00

此外，在南方冬作区，还可以将马铃薯与香蕉、火龙果等水果进行套种，通过对马铃薯和水果的种植时间进行合理规划，如在香蕉树未完全长成的期间内完成马铃薯的种植和收获，以 2015 年调研情况来说，通过马铃薯与香蕉进行套种，可实现马铃薯产量 15 000 kg/hm^2，为农民增加收入 12 300 元/hm^2（表 4-19）。

表 4-19　2016 年广西马铃薯套种情况

Table 4-19　Potato Intercropping in Guangxi in 2016

套种	投入合计 (元/hm^2)	产量 (kg/hm^2)	单价 (元/kg)	产出 (元/hm^2)	纯收入 (元/hm^2)	合计纯收入
香 蕉	13 968	45 000	3	135 000	121 032	133 332
马铃薯	20 700	15 000	2.2	33 000	12 300	

2. 生态效益分析

近年来，我国极端天气频繁，我国南方地区，尤其是西南地区，冬季经常出现干旱少雨的天气，马铃薯耐干旱省水的种植特性，可以应对南方多变气候。利用冬闲田种植马铃薯，并在收获后将马铃薯的茎叶留在田里作为绿肥，可以有效改良土壤养分状况，增加土壤中有机质和矿物质元素的含量，能够有效提高次年轮作水稻的有效结穗数，从而提高其产量。

3. 社会效益分析

通过利用南方的冬季闲田进行马铃薯净种以及利用香蕉、火龙果等水果与马铃薯进行套种，不仅可以有效提高当地的耕地使用效率，促进当地马铃薯产业进一步发展，还能有效改善当地农民的生活水平，在一些贫困地区，当地政府将马铃薯作为精准扶贫的重要环节，给予大力支持，大力发展本地马铃薯产业，提高贫困人口的收入水平。如贵州省威宁自治县，在当地政府的支持下，将“威宁洋芋”作为本地特色农产品大力宣传并向全国范围内推广，在国际马铃薯博览会上设立展台进行展销和宣传，同时，通过项目拉动、示范带动等方式加快马铃薯产业的蓬勃发展。

第五章　主粮化背景下马铃薯营养比较效益研究

一、我国居民营养健康现状

近年来，随着我国居民生活水平的提高，居民膳食摄入向高脂肪、高热量，导致一系列健康问题的出现，我国居民目前主要面临两大健康问题：一是，能量充足，超重和肥胖问题日益严重。近十年来，我国城乡居民超重和肥胖问题持续严重。2012 年，我国成年（18 岁及以上）居民超重率为 30. 1%，肥胖率为 11. 9%，与 10 年前相比，分别增长了 7. 3%和 4. 8%。其中，2012 年脂肪供能比 32. 9%，高于推荐的 30. 0%的上限，脂肪摄入量的多余能量是能量充足的主要原因之一。二是，慢性病患病率有所上升。慢性病发病率和死亡人数均有所上升。其中，我国成年居民的高血压患病率为 25. 2%，城市为 23. 5%，农村为 23. 5%，呈上升趋势；糖尿病患病率为 9. 7%，其中城市为 12. 3%，农村为 8. 4%，呈上升趋势。同时，胆固醇过高也是威胁我国居民健康的一个方面，2012 年我国成年居民总胆固醇水平为 4. 5mmol/L，城市为 4. 58，农村为 4. 41，较 10 年前均有所上升，与之相关的高胆固醇血症患病率也呈上升趋势。

我国城乡居民营养元素摄入量分析。2012 年，纳入统计范围的我国城乡居民能量主要营养素摄入量共有 17 个指标，主要分为 3 个部分：一是能量、三大营养素和膳食纤维；二是维生素，包括维生素 A、维生素 B_1 等共 5 种维生素；三是矿物质，包括钾、钠、钙等共 7 种矿物元素。通过计算调研摄入量与营养参考值 NRV 之比①，对我国居民的营养摄入状况是否符合推荐量进行评价，如图 5-1 所示，比值大于 1 则说明实际摄入量高于推荐量，且数值越大偏高越严重，比值小于 1 说明实际摄入量低于推荐量，且数值越小该营养元素摄入越缺乏，比值等于 1 说明实际摄入量与推荐量相当，综上所述，即数值越接近于 1，说明该营养元素摄入越合理。

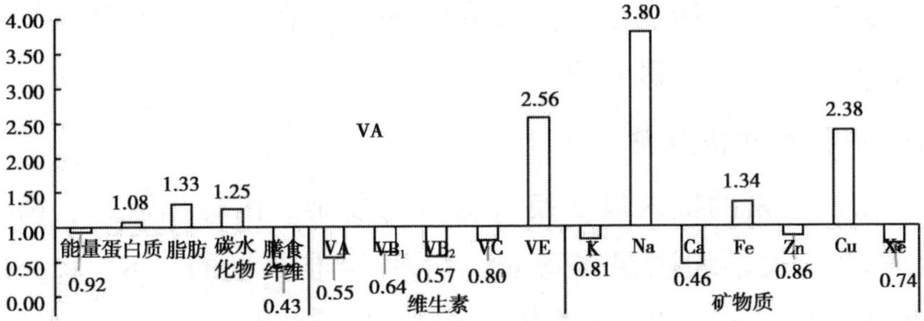

图 5-1　我国居民能量及营养元素摄入量评价与推荐摄入量（NRV）比值

Figure 5-1　Chinese residents energy and nutrient intake assessment and recommended intake (NRV) ratio

注：数据来源于《中国居民营养与慢性病状况报告（2015 年）》

1. 能量、三大营养素和膳食纤维摄入量

2012 年，我国居民的能量摄入量呈现出 NRV>农村居民摄入量>城市居民摄入量的排列关系，城乡居民能量摄入量实际上小于推荐摄入量，但是，能量摄入结构中脂肪供能比为 32.9%，高于推荐的 30.0%的上限，这是造成我国肥胖率和超重率上升的主要原因。具体来看，三大营养素中，我国居民蛋白质、脂肪和碳水化合物的摄入

① 来源于《中国居民膳食营养素参考摄入量》（2013 版）

量分别是推荐摄入量的 1.1 倍、1.3 倍和 1.0 倍，脂肪摄入量过高。相对地，膳食纤维摄入量则仅有推荐值的 2/5，是纳入 17 个评价指标中缺乏程度最高的指标。

2. 维生素摄入量

在 5 个维生素统计指标中，只有维生素 E 摄入量满足并高于推荐量，但并未高于摄入量临界值，属于摄入合理范围，而维生素 A、维生素 B_1、维生素 B_2和维生素 C 的摄入量均小于推荐量，分别为后者的 0.55 倍、0.64 倍、0.57 倍和 0.80 倍，存在摄入不足的情况。总体上，我国城乡居民维生素摄入量偏小，在居民日常膳食结构中，应该加强对维生素的摄入量。

3. 矿物元素摄入量

矿物质元素的摄入量变换情况较为复杂。由数据可知，Na、Fe、Cu 元素的摄入量均满足推荐量，分别为推荐量的 3.8、1.3 和 2.4 倍，而 K、Ca、Zn、Xe 元素摄入量则小于推荐量，属于偏低状态。其中，Na 元素摄入主要来自食盐摄入，在人体内利用率较高，2002 年我国食盐摄入量为 12g，虽然 2012 年有所降低，为 10.5g，但仍比推荐量 6g 高了近 3/4，在我国居民日常饮食中，Na 元素摄入过高。而 Fe 元素受来源所限（主要来自植物性食物）吸收利用率较低，虽然摄入量高于推荐值，但实际吸收量可能并未能完全满足人体对其的需求，故在机体机能处于较弱水平的 6 岁以下儿童和 60 岁以上老人，以及特殊群体孕妇和乳母中，贫血患病率仍处于较高水平，分别为 9.7%、12.6%、17.2%、9.3%，这一比例在农村居民中更高，可见，在日常生活中，仍需注意增加含 Fe 食物的摄入量。

综上所述，在我国居民能量及营养元素摄入量中，脂肪和 Na 处于摄入超标状态，应注意减少摄入高脂肪高盐分的食物，而其他 15 种物质的摄入量处于临界值范围内。

二、马铃薯主食产品消费现状——以北京市为例

通过对北京市各大超市的马铃薯产品进行初步调研，市面上可以买到的马铃薯产品大部分为北京海乐达有限公司生产。

（一）辐射范围

海乐达马铃薯主食产品主要供应北京地区物美、超市发和华联连锁超市，重点对海淀区这 3 家连锁超市的马铃薯产品上架情况进行了调研，如表 5-1 所示。目前，马铃薯主食产品在北京地区虽然有所推广，但覆盖率仍然较低，且主要供应类型为马铃薯馒头，马铃薯花卷、马铃薯包和马铃薯面条等主食产品较难在超市等卖场中找到，只在特定几个超市有所供应，尤其是马铃薯面条，在走访的 6 家超市中，只有华联五道口店有售，且上架货量较小。

表 5-1　北京市马铃薯主食产品上架情况

Table 5-1　potato staple food on shelves in Beijing

马铃薯全粉比例	马铃薯馒头			马铃薯花卷	马铃薯包	马铃薯面条
	20%	30%	50%	30%	30%	20%
海淀区						
物美联想桥店	√	√	√	√	√	×
超市发农科院店	√	√	×	×	×	×
超市发联想桥店	×	×	×	×	×	×
华联西直门店	√	√	×	√	×	×
华联五道口店	×	×	×	×	×	√
超市发双榆树店	×	×	×	×	×	×

（二）销售数量

主要从超市现场调研和对企业调研两方面，对北京地区马铃薯主食产品消费情况进行分析。

一方面，由于相较于小麦主食产品，马铃薯产品价格较高，各超市进货在架较低，品种也不齐全。以物美联想桥店为例，主食产品区以各类小麦和马铃薯主食产品为主，共有6个销售柜，其中，马铃薯产品只占据其中2个，在架量约占总在架货量的1/6。据观测，在普通工作日上午，半个小时内共有15名顾客选购小麦馒头，年龄层从30~65岁，没有顾客选择马铃薯产品。究其原因，主要是马铃薯产品相较于小麦产品过高。

另一方面，通过对海乐达企业进行调研，对于2016年5—7月的马铃薯和小麦主食产品销售情况进行了统计。可见，馒头类主食产品在销售过程中占比最大，目前，市面上最为常见的30%马铃薯馒头销售量较低，基本维持在同期小麦粉馒头销售量的10%左右（表5-2）。

表5-2　海乐达马铃薯主食产品销售情况（2016年5—7月）

Table 5-2　sales of main products of potato of Haileda

序号	品名	2016年5月	2016年6月	2016年7月
		销售量（袋）	销售量（袋）	销售量（袋）
1	马铃薯馒头30%	235 810	190 388	180 900
	小麦粉馒头	2 267 403	1 942 734	186 4948
2	马铃薯花卷30%	10 263	4 360	7 455
	小麦粉花卷	135 996	141 667	142 010
3	马铃薯面条20%	200 400	157 342	143 317
	面条	2 602 597	1 638 979	1 418 980

三、马铃薯主粮产品营养价值评价

（一）数据来源

稻米、小麦、玉米和马铃薯以及小麦粉、玉米面、玉米淀粉和马铃薯粉的营养元素含量数据来源于《中国食物营养成分表》。马铃薯和小麦主食产品，包括马铃薯（小麦）馒头、面条和花卷营养元素含量数据来源于，以在超市在售的海乐达牌马铃薯主食产品和小麦主食产品为样本来源，分 2 次随机购买并由北京市营养源检测中心对产品的营养元素进行检测。

（二）方法构建

1. 确定营养评价指标

基于上文我国居民营养健康现状、能量和营养素摄入量的分析结果，即我国居民脂肪和 Na 摄入量过多，并结合梁宝婧等指标设置的研究结论和包括马铃薯、小麦和稻米在内的主粮所能够提供的营养成分，对评价指标中的推荐营养素和限制营养素进行了确定。规定限制性营养素包括脂肪、钠（谷物中产品中不含胆固醇，且饱和脂肪酸无中国的营养素参考值，故目前无法计算）；推荐性营养素包括蛋白质、膳食纤维、维生素 C、维生素 A、维生素 B_1、维生素 B_2、钙、铁、K、Mg、Se。

2. 营养评价指标计算基准

选择 100kcal 为基准。

3. 摄入量标准

以 18 岁以上从事中体力劳动的居民为标准，根据《中国居民膳食营养素参考摄入量（2013 年）》中的推荐摄入量（RNI）和适宜摄入量（AI）制定营养素参考值（NRV）作为推荐性营养素的摄入标准，并结合其中的可耐受最高摄入量（UL）以及美国 RDIs 中的 DV 制定营养素最高建议量（MRV）作为限制性营养素的摄入标准（表 5-3）。

表 5-3　我国居民营养素参考值（NRV）和美国营养素建议摄入量（DV）

Table 5-3　the reference value of Chinese residents nutrition（NRV） and the recommended nutrient intake（DV）

营养素	NRV	DV
能量	2 350 kcal	2 000kcal
蛋白质	60g	50g
脂肪	<60g	65g
膳食纤维	25g	25g
维生素当量（VA）	800μg RE	5 000IU
硫胺素（VB_1）	1. 4mg	1. 4mg
核黄素（VB_2）	1. 4mg	1. 4mg
抗坏血酸（VC）	100mg	60mg
钾（K）	2 000mg	3 500mg
钠（Na）	1 500mg	2 400mg
钙（Ca）	800mg	1 000mg
铁（Fe）	16mg	18mg
锌（Zn）	12. 5mg	15mg
硒（Se）	60μg	70μg

4. 数学模型的选择

模型建立中的简单阈值法是指针对同一类别的各种食品进行评

价时可以选用，将选取的与推荐摄入量进行比较。本文只涉及对固体主食类产品，故选择简单阈值法进行评价。本文使用富含食物营养素模型（NRF），选择与主食营养相关的 2 种限制营养素和 10 种推荐营养素。公式如下：

NRF＝NR－LIM

NR（推荐营养素评分）＝ $\sum 1-10\ ((Nutrient_j/NRV_j)/ED)/10*100$

LIM_2（限量营养素评分）＝ $\sum 1-3((Nutrient_j/NRV_j)/ED)/3*100$

其中，ED（能量密度）＝100g 食物提供的能量/能量推荐摄入量标准；$Nutrient_j$ 为产品的营养素值（数据来自《中国营养成分表 2014》）；NRV_j 为最高建议摄入量，由于我国没有指定钠和脂肪的最高耐受，本文选择最高的建议量，即 $MRV_j=Max\ (NRV_j,\ DV_j)$

（三）结果分析

根据中国食物成分表，对与稻米、小麦、马铃薯和玉米相关的食物（包括初级农产品、一次加工食品和熟食类食品）进行评价对象选择，其中，稻米类选择表中的“稻米（平均值）”，小麦类选择特一、特二和标准 3 种小麦粉，马铃薯类选择马铃薯鲜薯和马铃薯粉 2 种食物，玉米类选择鲜玉米、2 种玉米面和玉米淀粉共计 4 种食物；已加工完成、可直接食用的熟食类食品选择马铃薯馒头、花卷和面条以及小麦馒头、花卷和面条，共计 6 种。

评价结果如图 5-2 所示。横向比较来看，就鲜食和一次加工原料来说，相较于其他三类主粮的主食产品，马铃薯类主食产品普遍具有更均衡的营养价值。

①就鲜食食物来说，只有马铃薯和玉米可以用于鲜食，且前者营养评价值为 173.4，是后者的 1.71 倍。

②就一次加工食品来说，马铃薯粉相较于稻米、小麦粉、玉米面和玉米淀粉来说，都具有较高的营养评价值。

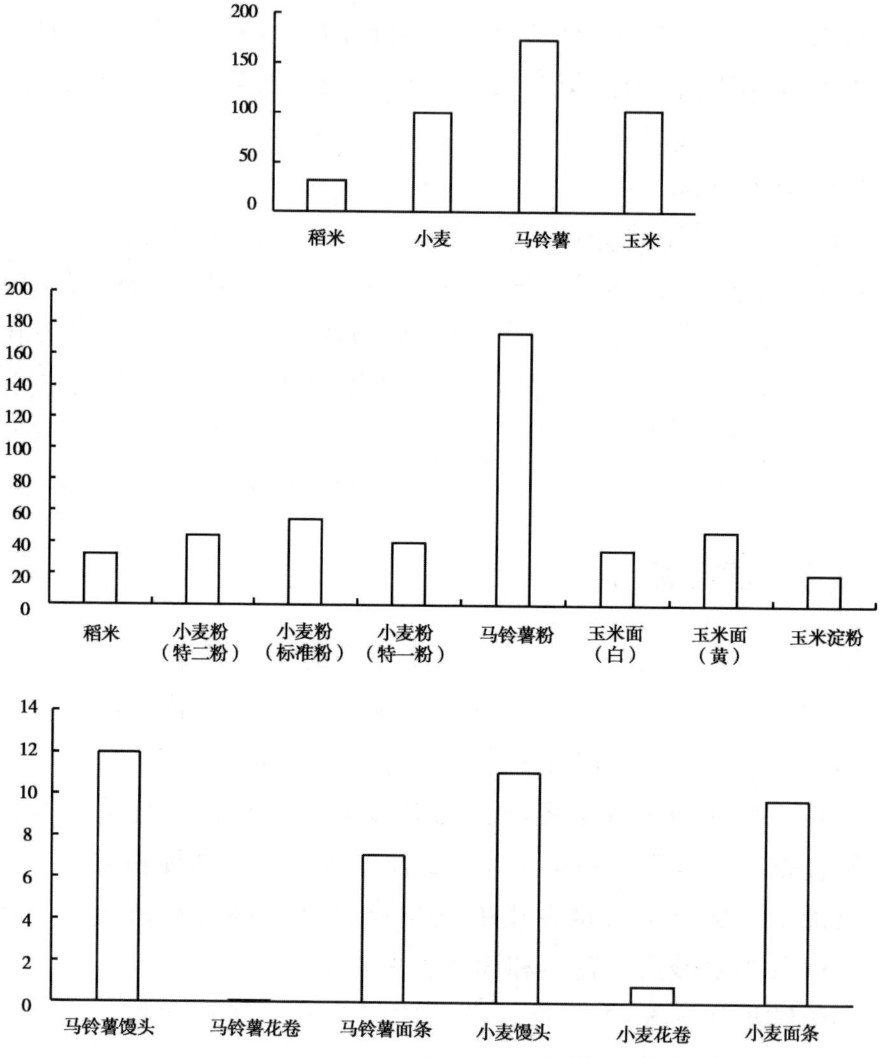

图 5-2　四类主粮主要食用产品营养评价结果

Figure 5-2　Nutritional evaluation results of four kinds of main staple products

③对馒头、花卷和面条等主食产品来说，除马铃薯馒头营养价值高于小麦馒头外，马铃薯花卷和面条的营养评价值都略低于小麦产品。由表 5-4 可见，马铃薯（小麦）馒头和花卷的 LIM 值和 NR

值相差不大，而小麦面条的 LIM 值和 NR 值都略低于花卷。纵向看来，食品的营养效益值呈现：馒头>面条>花卷的大小关系。

表 5-4　马铃薯和小麦主食产品的 LIM 值、NR 值和 NRF 值

Table 5-4　LIM value, NR value and NRF value of potato and wheat staple products

	LIM	NR	NRF
马铃薯馒头	7.91	19.90	11.99
马铃薯花卷	20.76	20.77	0.01
马铃薯面条	12.25	19.35	7.10
小麦馒头	5.18	16.27	11.09
小麦花卷	20.22	21.02	0.80
小麦面条	18.09	27.82	9.73

整体纵向比较来看，马铃薯和小麦在未经深加工成为馒头、花卷和面条等日常生活中常见的、可直接食用的熟食类食品时，营养评价值更高。这主要是由于单位重量的熟食制成品，相较于鲜食食品，拥有更高的能量。

四、主粮化背景下马铃薯提供的营养素总量

根据《纲要》2020 年发展目标，即实现马铃薯产量达到 1.3 亿 t，以及实现马铃薯主食消费占马铃薯消费量的 30%。可见，马铃薯主粮化推广前后，我国居民的主食消费结构必将发生一定的变化。

目前，我国居民主要以面粉及其制成品（包括馒头、面条等）和稻米及其制成品（包括米粉）作为主食产品。故以小麦制粉消费量作为其食用消费量，以稻米食用消费量作为稻谷的食用消费量。对 2012—2014 年小麦和稻谷的食用消费占比进行计算可知，两者的

食用消费占比均比较稳定，故以两者 3 年中占比值的平均值作为主粮消费预测比例（表 5-5）。

表 5-5　我国 2012—2014 年主粮类产品食用消费量情况

Table 5-5　Staple food consumption in China from 2003 to 2013

	2012/2013	2013/2014	2014/2015	3 年平均
小麦（万 t）	10 510	9 970	9 990	10 156. 67
稻米（万 t）	17 200	17 300	16 920	17 140
合计（万 t）	27 710	27 270	26 910	27 296. 67
小麦占比	37. 93%	36. 56%	37. 12%	37. 21%
稻米占比	62. 07%	63. 44%	62. 88%	62. 79%

由 1995—2013 年数据可知，我国马铃薯消费总量基本与产量持平，故假设到 2020 年，我国马铃薯总消费量与总产量持平（表 5-6）。

表 5-6　我国 2003—2013 年马铃薯产量和消费量情况

Table 5-6　Production and consumption of main potato in China from 2003 to 2013

年份	我国马铃薯总产量	我国消费量	消费量与总产量之比
2003	6 809. 45	6 860. 52	1. 01
2004	7 220. 70	7 269. 70	1. 01
2005	7 086. 95	7 003. 03	0. 99
2006	6 448. 65	5 612. 01	0. 87
2007	6 479. 05	6 503. 13	1. 00
2008	7 077. 90	7 100. 72	1. 00
2009	7 323. 00	7 368. 74	1. 01
2010	8 153. 35	8 300. 88	1. 02
2011	8 829. 05	8 863. 94	1. 00
2012	9 276. 25	9 354. 79	1. 01
2013	9 594. 00	9 671. 91	1. 01

根据指导意见①，到2020年，我国马铃薯总产将达到1.3亿t左右，主食消费占马铃薯总消费量的30%，假设新增量没有其余损耗，则马铃薯用于主食消费量为3 900万t，分别按照37.21%和62.79%的比例可替代现有的小麦和稻米消费量1 451.19万t和2 448.81万t（表5-7）。

表5-7　不同主食结构供能和营养素总量

Table 5-7　total energy supply and total nutrients of different staple foods

能量和营养元素	单位	替代前	30%马铃薯主食替代后	替代后营养元素增加比例
热量	1×10^{13} kcal	93.28	90.56	-2.91%
蛋白质	万t	2 314.35	2 448.11	5.78%
脂肪	万t	258.57	265.34	2.62%
膳食纤维	万t	261.63	1 189.89	354.80%
碳水化合物	万t	20 401.56	19 574.29	-4.05%
维生素A	t	0.00	1.95	+∞
硫胺素	t	385.92	599.92	55.45%
核黄素	t	167.85	194.75	16.03%
维生素C	t	0.00	10 530.00	+∞
烟酸	t	5 212.80	7 430.65	42.55%
维生素E	t	2 037.06	2 653.75	30.27%
钙	万t	5.13	5.75	12.00%
磷	万t	32.66	51.16	56.61%
钾	万t	32.15	58.29	81.34%
镁	万t	10.08	6.87	-31.84%
钠	t	8 860.50	13 892.33	56.79%
铁	t	6 955.20	9 037.83	29.94%
锌	t	4 065.21	5 197.49	27.85%

① 来源于2016年2月农业部发布《关于推进马铃薯产业开发的指导意见》（全文）

（续表）

能量和营养元素	单位	替代前	30%马铃薯主食替代后	替代后营养元素增加比例
硒	t	9.85	7.90	-19.84%
铜	t	927.18	956.80	3.19%
锰	t	3 264.93	5 181.03	58.69%

共有 4 个能量（营养素）的总摄入量有所减少，分别是热量、碳水化合物、镁和硒；共新增两种营养素，分别是维生素 A 和维生素 C；其余 15 种营养素总摄入量均有所增加。其中，增长幅度在前 3 名的分别是膳食纤维、钾和锰，钾元素，膳食纤维量的增加可以有效补充我国居民在这 2 种元素上的缺乏。

第六章　主要结论及政策建议

一、主要结论

本文分别以河北省衡水市、甘肃省定西市和广西壮族自治区南宁市，作为华北平原地下水漏斗区、西北干旱半干旱区和南方冬闲田地区的代表，在对以上3市的马铃薯和其他主粮作物的种植和收益情况进行调研的基础上，运用AHP法对主粮化背景下马铃薯的综合效益进行了评价，并与小麦、玉米当地主粮作物的综合效益进行了比较分析；在对马铃薯和其他主粮作物及主食产品的营养素结构的基础上，通过NP法对马铃薯和其他主粮作物的营养价值进行了综合评价，并进行比较分析，得出主要结论如下。

①2015—2016年，在河北省衡水市和甘肃省定西市，主要主粮作物的综合效益大小关系分别为：马铃薯>小麦、马铃薯>玉米>小麦。可见，马铃薯在以上两地开展替代种植是可行的、科学的，但值得注意的是，在两地马铃薯种植企业和大户中，都普遍存在农药和化肥使用过量的情况，尤其在甘肃省，受当地干旱少雨气候条件所限，种植者为追求高产量、取得高收益，滥用农药和化肥的情况更为严重，同时，马铃薯种植使用大量农用薄膜，也对生态环境造成影响。

②在广西壮族自治区南宁市，利用冬闲田进行马铃薯种植，并

适度发展马铃薯套种模式，可以有效增加当地农民的经济收入，改善土壤质量、提高土壤肥力，同时，在提高我国粮食总产量，通过马铃薯产业拉动地方经济发展等方面发挥重要作用。

③通过 NP 法对马铃薯和其他主粮的主食制品进行综合评价。就鲜食来说，马铃薯的营养价值高于玉米，是后者的 1.71 倍；就一次加工食品来说，马铃薯粉相较于稻米、小麦粉、玉米面和玉米淀粉，都具有较高的营养评价值；就馒头、花卷和面条等主食产品来说，除马铃薯馒头外，马铃薯花卷和面条的营养评价值都略低于小麦产品，主要是由于马铃薯花卷和面条中 Na 含量较高。纵向看来，食物的营养值随着加工步骤的增加而逐渐降低，这主要是由于在加工过程中会产生营养元素的流失，而熟食所能提供的能量要高于鲜食。

④通过对马铃薯替代前后我国主粮消费结构进行分析和预测的基础上，对替代前后不同主食结构能为我国居民提供的营养素进行比较，可以看出，替代后的主食结构可以有效改善我国居民目前在钾元素和膳食纤维摄入不足的问题。

⑤本文从定性描述和定量计算两个角度，分地区对主粮化背景下马铃薯的综合效益进行了评价，提高了评价过程的科学性和有效性。在定量评价过程中，在用 AHP 法确定各指标层指标的基础上，综合考虑主客观赋权，运用组合赋权法对权重进行了确定，提高了赋权的合理性和科学性。

二、政策建议

基于本文对于主粮化背景下马铃薯的比较效益研究，提出以下几点政策建议。

①从国家层面，为推广马铃薯主粮化的发展，给予马铃薯和其

他主粮作物同等重要的位置，加快马铃薯产业的发展。一是加大产业补贴力度，可以给予马铃薯产业各个环节以合理的财政补贴，目前，我国针对马铃薯产业的补贴较少，大多集中在马铃薯种植环节，对其他环节的补贴更少，使得部分将产品销售到国外市场的国内厂家，在国际上没有价格竞争力。可以适当加大对加工企业的财政补贴支持力度。同时，也要注重对马铃薯运输、储藏和销售环节的财政支持，促进马铃薯产业的整体发展。二是注重对马铃薯运输和储藏环节的基础设施建设，修建包括大型冷库在内的储藏设施，提高马铃薯的可保存时长，分批、分期供应需求市场，解决马铃薯在集中上市时期价格过低的问题，从而提高农户种植收益，增加农户种植积极性。三是提高脱毒种薯覆盖率，我国脱毒种薯的较低覆盖率是制约我国马铃薯产业发展的重要因素之一，提高其覆盖率和利用率对于我国马铃薯产量的增加和产业的发展有重要意义。从国家层面，一方面，应该继续扩大脱毒种薯扩繁补贴项目的覆盖范围和财政支出，促使农户自觉购买使用脱毒种薯；另一方面，也要加强对脱毒种薯生产和销售企业的监管力度，提高自身对脱毒种薯的检测水平，保证农户可以在市面上购买到高质量的脱毒种薯，免除农户的后顾之忧。

②通过分析，在华北平原地下水漏斗区和西北干旱半干旱区推广马铃薯替代小麦和玉米种植是可行的，能够取得较好的经济、生态、社会和营养效益，另外，在南方冬闲田发展马铃薯种植也可以有效增加当地种植户的经济收入，并给予生态环境以正向影响，可见在以上 3 个地区推广马铃薯主粮化是具有积极意义的。应该在以上 3 个区域积极与当地农科院和农业局开展合作，加大宣传马铃薯主粮化项目，建立示范基地，因地制宜发展先进种植技术，推广马铃薯种植，从而促进马铃薯产业的发展。在华北平原地下水漏斗区，要加大在该区域以马铃薯替代传统主粮生产的示范力度，重视华北

地区马铃薯节水种植技术和早熟品种的研发，保护当地生态环境，提前当地的马铃薯上时间，提高马铃薯售价；在干旱半干旱区，要着重发展节水种植技术，引导当地种植者合理施肥用药；在南方冬闲田地区，受当地地理条件复杂多变所限，许多机械难以使用，要注重研究适合当地的马铃薯种植小型机械化设备，提高当地马铃薯产业的机械化程度。

③在调研过程中，种植者在马铃薯种植过程中存在施用农药和化肥的情况，尤其是种植大户、种植企业中这一现象更为普遍，实际上，农户种植者在农药和化肥上的投入略小于大户和企业，他们的施药施肥行为更为理性。因此，要正确引导种植者正确施肥用药，避免过量。可以设立种植示范企业，指导示范户做好马铃薯科学施肥、用药的工作，对周围农户起到积极示范引导的作用，也可以组织当地农业局和农科院在用药施肥前期开展专业讲座，向种植者普及施用用药的相关知识，提供合理施用量以供参考。

④加强对马铃薯主粮化的宣传引导，提高公众对于马铃薯产品的认可程度。目前，北方地区消费马铃薯多以菜用形式消费马铃薯，受马铃薯主食产品价格较高、人们对马铃薯营养价值认识不充分等因素的制约，我国居民目前对马铃薯主食产品接受程度有限。可以积极利用媒体报道、科普讲座、社区展销等多种手段，向民众普及马铃薯的营养价值优势，提高对马铃薯产品的认知力，从而引导居民在选购产品时，积极主动地选择马铃薯产品，并逐渐将消费马铃薯作为一项消费习惯稳定保持下来。

附　　录

一、种植数据调研表

项目	单位	马铃薯	小麦	玉米
一、每亩产出情况				
产量				
品种一（如大西洋）	kg/亩			
品种二（如荷兰15）	kg/亩			
单价				
品种一（如大西洋）	元/kg			
品种二（如荷兰15）	元/kg			
产值				
品种一（如大西洋）	元/亩			
品种二（如荷兰15）	元/亩			
二、每亩物质与服务费用（可以按照明细采集的数据填入1~10，剩余无明细费用统一计入其他费用合计）	元/亩			
1. 种子费	元/亩			
2. 化肥费	元/亩			
3. 农家肥费	元/亩			
4. 农药费	元/亩			
5. 农膜费	元/亩			
6. 租赁作业费	元/亩			
机械作业费	元/亩			
排灌费	元/亩			
其中：水费	元/亩			

（续表）

项目	单位	马铃薯	小麦	玉米
畜力费	元/亩			
7. 燃料动力费	元/亩			
8. 技术服务费	元/亩			
9. 工具材料费	元/亩			
10. 修理维护费	元/亩			
11. 其他费用合计（其他费用合计=总费用-可以采集到的明细费用）	元/亩			
三、人工情况				
1. 家庭用工总人数	元			
家庭用工总天数	日			
2. 雇工费用	元/亩			
雇工工价	元/日/人			
四、土地情况				
土地总数量	亩			
1. 流转地总数量	亩			
流转地租金	元/亩			
2. 自营地总数量	亩			
五、肥料使用情况				
1. 常规化肥	种类名称			
化肥用量	kg/亩			
化肥费用	元/亩			
2. 其他化肥	种类名称			
化肥用量	kg/亩			
化肥费用	元/亩			
3. 有机肥	种类名称			
有机肥用量	kg/亩			
有机肥费用	元/亩			
六、农药使用情况				
1. 常规农药				
农药用量	kg/亩			

（续表）

项目	单位	马铃薯	小麦	玉米
农药费用	元/亩			
2. 其他农药				
农药用量	kg/亩			
农药费用	元/亩			
七、其他用量				
1. 每亩农膜用量	kg/亩			
2. 每亩灌溉用水量	立方米/亩			

二、产业数据调研表

	马铃薯产业	玉米产业	小麦产业
马铃薯种植收入占当地农户收入比例			
马铃薯产业 GDP 占当地 GDP 比例（可以是甘肃省，也可以是种植调研所在市）			

参考文献

曹建如 . 2007. 旱作农业技术的经济、生态与社会效益评价研究——以河北省为例［D］. 中国农业科学院.

曹先维，张新明，陈洪，等 . 2014. 南方冬作区马铃薯产业发展现状和技术特点及需求分析［A］. 马铃薯产业与小康社会建设 .

柴斌锋 . 2008. 我国玉米成本及经济效益研究［D］. 杨凌：西北农林科技大学.

陈华宁 . 2008. 中国马铃薯产业发展现状及对策［J］. 世界农业（8）：13–15.

陈舜，逯非，王效科 . 2016. 中国主要农作物种植农药施用温室气体排放估算［J］. 生态学报，36（9）：2 560–2 569.

陈伟，夏建华 . 2007. 综合主、客观权重信息的最优组合赋权方法［J］. 数学的实践与认识，37（1）：17–22.

范成方，史建民 . 2015. 基于熵权的粮食种植效益综合评价——以山东省玉米、小麦为例［J］. 中国农业资源与区划，36（3）：39–47.

凤凰网 . 马铃薯主食产品及产业开发国际研讨会在京召开［EB/OL］. http：//news. ifeng. com/a/20150729/44298438_ 0. shtml.

郭燕枝，王小虎，孙君茂 . 2014. 华北平原地下水漏斗区马铃薯替代小麦种植及由此节省的水资源量估算［J］. 中国农业科技导报，16（6）：159–163.

韩秋成，张玉娟，任爱民，等.2015. 马铃薯主粮化战略之我见［J］. 中国种业（5）：75-77.

韩昕君，陈源泉，王丽霞，等.2014. 河北中南部平原棉薯套作种植模式的综合效益初步评价［J］. 中国农业大学学报，19（5）：46-54.

胡佳，梁娜，蓝淬.2013. 重庆农业经济效益静态评价分析［J］. 现代商贸工业（16）：43-44.

金黎平，罗其友.2013. 我国马铃薯产业发展现状和展望［A］. 马铃薯产业与农村区域发展——2013 年中国马铃薯大会. 北京：中国作物学会.

科学技术部农村科技司，中国农业机械化科学研究院，中国包装和食品机械总公司，食品装备产业技术创新战略联盟. 2008—2012. 中国农产品加工业年鉴［M］. 北京：中国农业出版社.

李勤志，冯中朝.2009. 我国马铃薯生产的区域优势分析及对策建议［J］. 安徽农业科学（9）：4 301-4 341.

李帅，魏虹，倪细炉，等.2014. 基于层次分析法和熵权法的宁夏城市人居环境质量评价［J］. 应用生态学报，25（9）：2 700-2 708.

梁宝婧，吕筠.2015. 几种营养素度量模型的建立和应用研究概况［J］. 中国预防医学杂志，16（12）：972-977.

梁岩.2015. 马铃薯主粮化的路径探索［J］. 中国粮食经济（3）：26-29.

林刚.2010. 洛川县苹果产业生态经济效益分析与综合评价［D］. 杨凌：西北农林科技大学.

林亚玲，杨炳南，杨延辰.2012. 马铃薯加工现状与展望［J］. 农业工程技术（农产品加工业）（11）：18-21.

刘晓敏，张喜英，王慧军．2011. 太行山前平原区小麦玉米农艺节水技术集成模式综合评价［J］. 中国生态农业学报，19（2）：421-428.

刘新生，郑少锋，崔百胜．2003. 农业经济效益评价的综合指数法探讨［J］. 西北农林科技大学学报（社会科学版），3（5）：42-44.

刘洋，高明杰，罗其友，等．2014. 世界马铃薯消费基本态势及特点［J］．世界农业（5）：119-124.

刘洋，罗其友，高明杰．2011. 世界马铃薯生产及其贸易的发展现状分析［J］. 世界农业（8）：46-51.

刘洋．2015. 世界马铃薯消费特点与趋势［J］. 中国农业信息（12）：156-159.

刘张勇．2011. 河北省花生生产经济效益分析［D］. 重庆：西南大学.

卢肖平．2015. 马铃薯主粮化战略的意义、瓶颈与政策建议［J］. 华中农业大学学报（社会科学版）（3）：1-7.

鲁述霞．2010. 马铃薯的加工现状及发展前景［J］. 农业科技与信息（1）：30-31.

罗其友，刘洋，高明杰，等．2015. 中国马铃薯产业现状与前景［J］. 农业展望（3）：35-40.

马传栋．1995. 论资源生态经济系统阈值与资源的可持续利用［J］. 中国人口·资源与环境（4）：16-21.

农业部．2009. 马铃薯优势区域布局规划（2008—2015 年）［EB/OL］. 2009-02-18.

农业部优质农产品开发服务中心．2013. 中国马铃薯产业发展研究［M］. 北京：中国农业出版社：23.

人民日报．农业部：让土豆当干粮不是因为咱缺粮［EB/OL］.

[2015-01-16]. http://news.xinhuanet.com/food/2015-01/16/c_127391241.htm.

申宇，白艳菊，刘伟婷，等.2014. 荷兰马铃薯种业发展对中国的启示［J］. 中国马铃薯（8）：243-246.

史明明，魏宏安，刘星，等.2013. 国内外马铃薯收获机械发展现状［J］. 农机化研究，35（10）：213-217.

万宝瑞.2015. 推进马铃薯主粮化是落实《纲要》重要实践［J］. 农业工程技术（农产品加工业）（1）：11-11.

汪希成.2006. 阳光生态工程与我国西北干旱区农田生态环境建设［J］. 生态经济（中文版）（9）：100-102.

王婧，逄焕成，任天志，等.2010. 黄淮海地区主栽作物水分供需平衡分析［J］. 灌溉排水学报，29（5）：106-109.

王沛.2000. 辽宁农业经济效益现状分析［J］. 农业经济（1）：9-10.

王少峰.2002. 江苏省小麦生产成本与经济效益研究［D］. 扬州：扬州大学.

王希卓，朱旭，孙洁，等.2015. 我国马铃薯主粮化发展形势分析［J］. 农产品加工（3）：52-56.

王亚坤.2015. 河北省蔬菜生产投入要素分析与综合效益评价研究［D］. 哈尔滨：东北农业大学，2015.

王瑜，王澎，李国龙.2015. 不是所有马铃薯都能加工全粉［N］. 农民日报（1）：19.

蔚然.2009. 乌兰察布市莜麦种植业效益及前景分析［D］. 北京：中国农业科学院研究生院.

魏乐.2009. 四子王旗苜蓿与其他作物种植效益比较研究［D］. 杨凌：西北农林科技大学.

吴开亚，金菊良.2008. 区域生态安全评价的熵组合权重属性识别模型［J］. 地理科学（6）：755–758.
邢玎 . 2008. 临渭区农业经济效益研究［D］. 杨凌：西北农林科技大学.
徐创军，杨立中，唐家良，等 . 2008. 紫色土坡地不同种植模式生态经济效益综合评价［J］. 中国生态农业学报，16（1）：196–199.
杨丽芝，张勇，刘春华 . 2013. 华北平原地下水资源功能衰退与可持续利用［J］. 工程勘察，6：48–55.
杨帅，闵凡祥，高云飞，等 . 2014. 新世纪中国马铃薯产业发展现状及存在问题［J］. 中国马铃薯（10）：311–316.
叶宗裕 . 2003. 关于多指标综合评价中指标正向化和无量纲化方法的选择［J］. 浙江统计，4：24–25.
弋翠 . 2008. 沙地马铃薯不同灌溉方式经济效益分析［D］. 杨凌：西北农林科技大学.
曾宪报 . 1997. 组合赋权法新探［J］. 预测，1997，5：69–72.
张爱霞，刘晓东，王桂荣，等 . 2013. 一种新型农产品营养评价方法技术的构建［J］. 食品科学，34（19）：356–359.
张坚，赵文华，陈君石 . 2009. 营养素度量法一个新的食物营养评价指标［J］. 营养学报，31（1）：1–5
张立实，吴婷，杨月欣 . 2009. 营养素度量法——一种食物营养评价的新方法［C］// 四川省营养学会会员代表大会暨四川省中青年专家学术大会营养与食品安全分会场学术会 .
张星，张春桂，吴菊薪 . 2008. 农业气象灾害综合评价中权重确定方法的研究［J］. 中国农学通报，24（11）：448–452.
张绪成，于显枫，王红丽，等 . 2016. 半干旱区减氮增钾、有机肥替代对全膜覆盖垄沟种植马铃薯水肥利用和生物量积累的调控［J］. 中国农业科学，49（5）：852–864.

赵晓丹 . 2012. 美国马铃薯产业发展及启示 [J]. 北京农业 (6): 29-31.

赵玉娟，郝伯为 . 2014. 马铃薯加工利用及其产业市场特点 [J]. 现代农业科技 (22): 269- 277.

中华人民共和国中央人民政府 . 马铃薯加工业发展规划 (2011—2015 年) [EB/OL]. http://www.gov.cn/gzdt/2012 - 01/19/content_ 2049044.htm.

周庆锋 . 2014. 马铃薯淀粉产业现状及发展分析 [C]. 马铃薯产业与小康社会建设 .

周庆锋 . 2007. 中国马铃薯淀粉产业发展报告 [J]. 中国食品添加剂 (s1): 62-71.

朱婧，张立实，杨月欣 . 2011. 营养素度量法在营养和健康声称中的应用现状 [J]. 中国食品卫生杂志，23 (1): 92-95.

朱珠，张琳，叶晓雯，等 . 2012. 基于 TOPSIS 方法的土地利用综合效益评价 [J]. 经济地理，32 (10): 139-144.

Biing - Hwan Lin, Steven T. 2004. Yen. U. S. Potato Consumption [J]. Journal of Food Products Marketing, 10 (2): 49-65.

Charrondiere U R, Burlingame B. 2011. Report on the FAO/INFOODS Compilation Tool: A simple system to manage food composition data [J]. Journal of Food Composition & Analysis, 24 (4-5): 711-715.

John Habvey Kellogg. 1929. The potato our bestfood staple [J]. American Potato Journal, 6 (4): 99-109.

Kellogg J H. 1929. The potato our best food staple [J]. American Journalof Potato Research, 6 (4): 99-109.

Lal R. 2004. Carbon emission from farm operations [J]. Environment International, 30 (7): 981-990.

Lutaladio N B, Burlingame B. 2009. WITHDRAWN: The nutrient composition of potato in the International Year of the Potato [J]. Journal of Food Composition & Analysis.

Lutaladio N, Castaldi L, Lutaladio N. 2009. Potato: the hidden treasure. [J]. Journal of Food Composition & Analysis, 22 (6): 491-493.

M Wandel, R Fagerli, U Kjærnes. 2001. Changes in potato consumption in different stages of life in Norway [J]. Appetite, 36 (3): 211-223.